JN106261

政治学原論講義

下 條 慎 一 ［著］

はしがき

　日本国憲法の基本原理は基本的人権の尊重，国民主権，平和主義にあるとされる。基本的人権をまもるには国民主権が必要であり，いずれをも達成するには平和でなければならないというように，これらは相互に関連している。この憲法が制定されてから，かなりの年月が経過したけれども，こうした原理が日本に定着したとはいいがたい。それどころか，現実政治との乖離がますますおおきくなっているようにも感じられる。本書は，このような問題に対処するために，自由主義や民主主義や平和にかんする思想などをとりあげるとともに，自然権を否定する保守主義や独裁や戦争の理論等もあつかっている。両者を視野にいれることによって，憲法の基本原理を強靭なものとし，その定着を促進し，それを世界にひろげることを念願しているからである。

　もっとも，憲法を通じて国民が政府を束縛すれば十分であるわけでなく，みずから市民社会を形成することも必要であるため，東欧革命後に興隆した市民社会論をも射程にいれている。その意味で，本書は前著『政治学史の展開：立憲主義の源流と市民社会論の萌芽』（武蔵野大学出版会，2021年）と問題意識を共有するものである。

　本書はもともと，著者がいくつかの大学で使用した政治学原論にかんする講義ノートを原型として，紀要に発表した原稿などをまとめたものである。初出は下記のとおりであり，記載のないものは，かきおろしである。

　第Ⅰ部第1章では，第二次世界大戦後，世界に通用する「普遍的理念」にもとづいて，日本における政治学を構築した丸山眞男の著作を参考に，政治とはなにか，それをどのようにまなぶべきかについて考察している。権力が政治学におけるもっとも基本的な概念の1つであるとすれば，それを民衆が奪取して，身分制を徹底的に打破する政治運動・思想・イデオロギーを意味する民主主義が重要となろう。同第2章では，日本国憲法前文における「人類普遍の原理」の政治学史的解明を自己の使命として設定し，全力を投入してきた福田歓一の著作に依拠して，民主主義について討究している。つぎに政治制度に目を転じると，立法権と行政権を融和・結合させたものが議院内閣制，両者を独立させたものが大統領制となる。同第3章では，ウォルタ゠バジョットの『イギリス国制論』にもとづいて，議院内閣制の特徴をあきらかにし，それを大統領制と比較している。

　20世紀以降，夜警国家は福祉国家に，市民社会は大衆社会に転換したといわれる。第Ⅱ部第4章ではレナード゠トレローニ゠ホブハウスの『自由主義』に，同第5章ではグレイアム゠ウォラスの『政治における人間性』に，それぞれ焦点をあてて，福祉国家・大衆社会の特質を解明している。大衆社会のもとで，ドイツのナチ党による一党独裁が実現し，やがて第二次世界大戦は枢軸国（フ

ァシズム陣営）と連合国（反ファシズム陣営）の戦争となった。同第6章では，カール゠シュミットの『現代議会主義の精神史的状況』と『政治的なものの概念』に依拠して，独裁について考究している。

18世紀以降，おおきな役割をはたしてきた政治思想は保守主義・自由主義・社会主義であって，これらに対応するかたちで保守主義政党・自由主義政党・社会主義政党が形成されてきた。第Ⅲ部第7章ではエドマンド゠バークの『フランス革命の省察』に，同第8章ではカール゠マルクスがフランス語版へのまえがきを執筆してフリードリヒ゠エンゲルスが本文を著述した『空想から科学への社会主義の発展』に，同第9章ではアイザイア゠バーリンの『自由論』に，それぞれ着目して，保守主義・社会主義・自由主義の特質を究明している。

国際政治のもっとも重要な問題の1つとして，平和と戦争をあげることができよう。第Ⅳ部第10章ではイマヌエル゠カントの『永遠平和のために』に，同第11章ではジョージ゠ケナンの『アメリカ外交50年』に，それぞれもとづいて，平和と戦争について討究している。同第12章では，第二次世界大戦後の日本が民主主義と平和主義の理念にもとづいて国際社会に貢献することをめざしたけれども，そうした方向性とはことなる戦前の残滓が，なお存続しているのではないかという問題意識にしたがって，丸山眞男と川島武宜と阿部謹也の著作を検討している。

いずれの章においても，標準的な原書と訳書にもとづいて，出典を明記している。歴史にかんする記述は，主として木村靖二ほか『詳説世界史：世界史B』（山川出版社，改訂版2017年）と全国歴史教育研究協議会『世界史用語集』（山川出版社，改訂版2018年），笹山晴生ほか『詳説日本史：日本史B』（山川出版社，改訂版2017年）と全国歴史教育研究協議会『日本史用語集』（山川出版社，改訂版2018年）に依拠し，高等学校で世界史・日本史を十分に学習していなくても，それによって政治学原論を理解するのに支障をきたすことのないよう配慮した。

講義ノートを原型とする本書をこのようなかたちで公刊することができるのは，講義の機会をあたえてくださった先生がたと，講義しやすい環境をととの

えてくださった職員のかたがたと，熱心な受講態度によって刺激をあたえてくれた学生諸君のおかげである。出版にさいしては，エムユービジネスサポート事業部長の住吉環氏と武蔵野大学出版会の斎藤晃氏に大変お世話になった。

　佐竹寛先生は中央大学法学部・同大学院で，政治学原論を政治学史と並行して研究するよう，ご指導くださった。中村孝文先生からは武蔵野大学法学部・同大学院における政治学原論と政治学史の教育にかんして，ご高配をたまわってきた。謝意を表するとともに，お名前をあげることのできなかったかたがたにおわびもうしあげたい。最後に妻の奈津子に感謝したい。

2023 年 7 月

著　　者

目　次

政治と権力

[第1章]

政治と政治学

はじめに

　1929年，ニューヨーク株式市場（ウォール街）で株価が大暴落したため，アメリカ合衆国は空前の恐慌におそわれ，企業の倒産や金融機関の閉鎖などが生じた。それは全世界に波及して，世界恐慌とよばれた。日本もその影響をうけて，労働争議が多発し，社会不安がひろがった。軍部はそうした経済危機を克服するために，大陸における支配権の拡大をめざした。1931年には中国東北地方（満州）の柳条湖で鉄道を爆破し，それを口実に軍事行動をおこして，東北地方の大半を占領した（満州事変）。1937年には北京郊外の盧溝橋付近で発生した中国軍との軍事衝突事件を契機として，軍事行動を拡大し，日中戦争をはじめた。

　1941年12月8日，日本軍はハワイの真珠湾にあるアメリカ海軍基地を攻撃して，アメリカ・イギリスに宣戦し，太平洋戦争を開始した。日独伊三国同盟をむすんでいたドイツ・イタリアもアメリカに宣戦し，第二次世界大戦は枢軸国（ファシズム陣営）と連合国（反ファシズム陣営）の戦争となった。

　その後，日本国内では，軍部が権力を強化し，言論・報道統制を厳格化した。朝鮮では「創氏改名」などの同化政策をすすめ，労働者を日本へ強制的に連行し，東南アジアの占領地では，日本語教育や神社参拝をおこなわせ，強制労働を多発させた。アメリカは1945年8月6日広島に，9日長崎に原子爆弾を投下して，壊滅的な被害をあたえた。14日，日本はポツダム宣言にもとづいて無条件降伏し，15日にそれを国民にしらせた。

　ファシズム国家は，自国民の優秀さを主張して，それぞれの支配権を確立し
ようとしただけで，世界に通用する普遍的理念をもたなかった。その暴力的な
占領地支配は，現地のひとびとの抵抗運動をよびおこし，全世界を敵にまわし
て敗北した。そうした「普遍的理念[1]」にもとづいて，戦後日本における政治
学を構築したのが丸山眞男であった[2]。

　1914年に丸山はうまれた。父親のジャーナリスト丸山幹治の友人であった
長谷川如是閑の影響をうけた。如是閑は1931年に執筆した論文のなかで日本
のファシズムの構成要素として「警察の暴力的方法」や集会・結社・言論・出
版の自由にたいする「暴力的圧迫」や「教育の機械的統一」などをあげ[3]，政
府の抑圧に抵抗してファシズムに反対した[4]。1932年にその論文を収録した
『日本ファシズム批判』は発禁処分をうけ，1933年に如是閑は治安維持法違
反の嫌疑をかけられた。同年，丸山は如是閑の講演会に参加したあと，警察に
検挙されて殴打され，国体批判を追及された。このできごとは丸山を「人間の
内面世界に介入する国家権力」の研究にむかわせることとなった[5]。1934年，
東京帝国大学法学部に入学し，1937年に同大学を卒業して助手になり，1940
年に助教授になる。1944年，軍隊に二等兵として招集され，1945年に広島
で被爆した。1950年から1971年まで東京大学法学部教授をつとめ，1996年
に死去した。本章は丸山が戦後15年間に発表した著作を参考に，政治とはな
にか，それをどのようにまなぶべきかについて考察するものである。

1　現代の政治学

［1］科学としての政治学

① 第二次世界大戦以前における日本の学界

　第二次世界大戦以前における日本の学界は，みずからの地盤と環境から問題
をくみとるかわりに，ヨーロッパの学界におけるときどきの主題や方法をたえ
ず追求してきた[6]。そこから学問の観念的遊離が生ずる。とくに政治学におい
ては，学問と現実的対象の分裂が深刻であった。

② 第二次世界大戦以前における日本の政治学

　第二次世界大戦以前の日本に政治学という学問が成長する基盤は存在しなかった [7]。国家権力の正当性の唯一の根拠は，統治権の把持者としての天皇にあり，立法権も司法権も行政権も統帥権も唯一絶対の「大権」から流出するものと理解されていた [8]。そこには，もろもろの社会集団が中性（中立）的な国家権力の掌握をめざして公的に闘争するという意味での「政治」は存在する余地がなかった。

③ 第二次世界大戦後における日本の政治学

　ところが，第二次世界大戦後における日本の政治学は，国家の中核を合理的批判の対象としうるようになった [9]。たとえば，国会は「国権の最高機関」となり，天皇は「象徴」となった。

④ 科学としての政治学への志向

　政治学は，特定の政治勢力の奴婢であってはならない [10]。とはいえ，明確な政治決定を回避する「無欲」の「客観」主義者がのぞましいわけではない。

　価値決定を忌避して「客観的」立場を標榜する傲岸な実証主義者は，価値にたいする無欲をよそおいつつ「実証的」認識のなかに価値判断を潜入させる結果におちいりやすい。それにたいして，一定の世界観的理念から，現実の政治的動向に熾烈な関心と意欲をもつものは，政治的思惟の存在拘束性の事実（各人の政治的思惟は，そのひとのおかれた社会的条件に規定されるということ）を，自身の反省を通じて比較的容易にみとめ，政治的現実の認識にさいして，希望や意欲が正確な認識をさまたげることを不断に警戒するため，事象の内奥にせまることができる [11]。それは親鸞による悪人正機説という逆説に類似していた [12]。親鸞が「善人でさえ浄土にうまれることができる，まして悪人が浄土にうまれないわけがない」とのべたのは，みずからの能力をたよりに善行をつむ善人よりも，阿弥陀仏の本願にすべてをおまかせする悪人こそ，浄土にうまれるのにもっともふさわしいという趣旨であった [13]。

政治学者が現実の政治的奔流に身をゆだねて，自分の学問を特定の政治勢力の手段に堕落させるか，一切の具体的な政治状況に目をとじて，抽象的な「書斎政治学」をめざせば，科学としての政治学は成立しえなかった。

［2］人間と政治

① 政治の本質的な契機

政治の本質的な契機は，人間の人間にたいする統制を組織化することに存する[14]。それは人間を現実にうごかすことであり，道徳や宗教が人間の内面にはたらきかけるのと対照的である。

② 政治の予想する人間像

カール゠シュミットによれば，真の政治理論は性悪説を採用する[15]。性悪とは，人間が「問題的（problematisch）な存在」だということである[16]。それは人間を「取扱注意」品とみなすことであり，人間がつねに非行をはたらくことを意味するわけではない。人間は状況によって天使になったり悪魔になったりする[17]。そこに技術としての政治が発生する地盤がある。

③ 権力と服従

指導や支配に必要とされる政治権力の強度は，その対象となる集団の自発的・能動的服従の度合と反比例する[18]。換言すれば，自発的服従の契機がすくないほど，おおきな権力を必要とする。

④ ミランダ

政治は，物理的強制を最終的な保証としている[19]。それは最後の切札だけれども，その対象の自発的忠誠を確保しえないため，持続性がない。そこで，政治権力を把握するものは，権力の強制的性格を露骨にしめすことを回避して，被治者の内面的心理に潜入し，自発的賛同を調達しようとする。チャールズ゠メリアムは，治者にたいする被治者の共感を喚起するものをミランダと呼称し

た[20]。たとえば記念日，記念碑，音楽と歌曲，芸術的デザインの旗・装飾品・彫像・制服，物語と歴史，入念な儀式，行進・演説・音楽をともなった大衆的示威行為である[21]。

とはいえ，法や政治が外部的なもののみに，宗教や思想が内部的なもののみに，それぞれかかわるのが，近代国家の原則のはずであった[22]。

⑤ 現代国家

近代国家は外面と内面，公的なものと私的なもの，法的・政治的なものと文化的なものを分離させた[23]。しかるに，現代国家では，これらの区別が困難になっている。政治権力がラジオや映画など，高度な技術を駆使して，自己のイデオロギーを人民に注入してきたからである[24]。現代の自由主義は，政治権力が新聞・ラジオ・映画等の宣伝機関を縦横に駆使することによって，ジョン゠ロックの時代とまったくことなるものになっていた[25]。

⑥ 政治権力の危険性

政治権力は人間の良心の自由な判断を蹂躙し，価値の多元性を平板化して強制する危険性を有する[26]。権力にたいする楽観主義は，人間にたいする楽観主義よりも危険である[27]。

［3］政治の世界
①「政治化」の時代

現代は政治化の時代，すなわち，わたくしたちの生活と政治がもっとも密着した時代である[28]。「あなたは政治について，かんがえないかもしれない。けれども，政治はあなたについて，かんがえる[29]」といわれる。政治を制御することは，死活の問題であった[30]。

② 政治的状況の循環形式

政治的状況とは，紛争とその解決の過程である[31]。「紛争」とは，社会的価

値（財貨・知識・尊敬・威信・快適・名声・優越・勢力・権力など）の獲得・維持・増大をめぐるあらそいである[32]。「解決」とは，相手にたいするなんらかの制裁力を背景として，その行使または行使の威嚇によって解決することである[33]。「制裁力」とは，相手の所有するなんらかの価値を，相手の抵抗を排して剥奪する力である[34]。制裁力を背景として紛争を解決する能力を「権力」という。

　権力は，ほかの社会的価値（たとえば経済的利益）をめぐる抗争の手段であると同時に，それ自体，独自の社会的価値として追求の目標となる[35]。そこから権力の自己目的化，すなわち権力のために権力を追求する傾向が発生する[36]。トマス = ホッブズは，全人類の一般的性向として，死去するまで力をもとめつづける意欲をあげている[37]。それが生じるのは，現在もっている，安楽に生活するための力と手段を確保するのに，それ以上を獲得しなければならないためである。たとえば，大日本帝国は朝鮮を防衛するために満州を生命線と宣言した[38]。

　権力自体の獲得・維持・増大をめぐって紛争が発生すると，その紛争を媒介として権力がさらに肥大化する[39]。ある政治集団がほかの政治集団を圧服・併合することによって，集団外関係が集団内関係へ転化する[40]。すなわち「外交（diplomacy）」関係が「統治（government）」関係に進展する。

　ある政治集団がほかの政治集団を征服すると，支配従属関係がうまれる。やがて，被治者が治者にたいして，その支配の正当性を承認する。そこで，支配関係の法的な編成すなわち権力機関の法的な組織がおこなわれる。その後，治者が被治者に権力・利益・名誉等の社会的価値を分配し，統治権力が安定あるいは均衡する。それが破壊されると，あらたな紛争が発生する[41]。

③ 政治権力の生産および再生産

　統治は，支配従属関係の設定からはじまる[42]。その目的は，支配者が社会の主要な社会的価値を占有し，その帰属配分を自主的に決定することにある。それにはまず，被支配者の武装解除，物理的強制装置の剥奪をしなければなら

ない。たとえば，豊臣秀吉は，農民一揆を防止するために刀狩令を発した。

　支配関係を設定するには，政治権力が物理的強制組織を独占しなければならないけれども，統治が物理的暴力の使用または使用の威嚇のみによっておこなわれることはない[43]。持続的な統治関係を樹立するには，治者が被治者にそれをみとめさせる必要がある[44]。被治者が統治関係を容認する根拠を，権力の正当性という。その類型の第 1 は，統治のながい歴史的由来にたいする被治者の信頼である[45]。たとえば「万世一系」の天皇にたいするものである。第 2 は自然法である[46]。それは 17・18 世紀の市民革命をささえたものであった[47]。第 3 は神による授権である。すなわち王権神授説である。第 4 は，治者が特別の能力をもった統治の専門家あるいは選良であるという観念である[48]。たとえば，イギリスの貴族院にかんするものである。第 5 は人民による授権である[49]。これは，現代のもっとも普遍的な正当性である。アドルフ = ヒトラーもベニート = ムッソリーニもヨシフ = スターリンも，人民の名において独裁をおこなった。それを防止するには，権力にたいする監視と批判が必要となる。

　統治が恒常的な性格をもつには，正当性を確立すると同時に，権力を行使する組織をつくらなければならない[50]。近代国家は三権分立を組織原理としている[51]。しかし，20 世紀以降，権力の統合・集中がみられるようになった[52]。それを端的にあらわしているのが，行政権の強化という現象である。資本主義の高度化にともなう社会的対立の激化によって国家機能が複雑になり，国家権力が国民生活のあらゆる部面に関与するようになった[53]。それは官僚層の量的・質的な強化をもたらし，首相あるいは大統領の権限が増大した[54]。たとえば，ヒトラーは全権委任法を成立させて，国会の立法権を政府に移譲させた。こうした行政権の強化の傾向と民主主義の要請を調和させること，換言すれば行政部の勢力を人民の統制下におくことが，現代の最大の難問であるといえよう[55]。

④ 権力および社会的価値の配分

治者が被治者を社会的価値への参与から隔離すればするほど，被治者から能動的・自発的服従と協力を期待しうる可能性は減少し，被治者の服従を確保するための強制装置が膨大になる [56]。そのため，治者が統治関係を安定させ強固にするには，社会的価値を被治者に配分するほうが得策となる [57]。

⑤ 権力の安定と変革

こうした支配関係の設定と正当性的基礎づけ，権力の組織化と社会的価値の配分という過程が均衡をたもつとき，政治権力は安定する [58]。しかるに，その均衡がうしなわれると，集団間の紛争軋轢がおおきくなり，権力の変革にいたる [59]。それはクーデタや革命というかたちであらわれる [60]。

⑥「政治化」の時代と非政治的大衆

現代では「政治化」がすすめばすすむほど，大衆の「非政治化」が顕著になる [61]。すなわち現代人は職場で多忙であり，マスコミによって自発的な思考力が麻痺し，趣味は刹那的であって「砂のような大衆」となっている [62]。

現代民主政治が原子的に解体された大衆の行使する投票権に依存するところに，独裁が成立する。民主主義を機能させるには，数年に一度の投票だけでは不十分であり，民間の自主的な組織が活発に活動して，民意の回路を多様に形成することが重要となる [63]。

2 権力の政治学

［1］権力と道徳

古代国家において，行政首長と司祭者は同一であり，権力と道徳の序列は一致していた [64]。しかし，キリスト教がイエス＝キリストという人格の究極的価値にたいする信仰にもとづいてローマ皇帝崇拝と対決すると，すなわちキリスト教的倫理が政治権力への合一を原理的に拒否すると，国家と教会の二元的

な関係がうまれた[65]。

　キリスト教の人格倫理と現世的世俗権力の緊張関係は，中世において調和していたけれども，近世になると，両者の抱合関係は解体した[66]。すなわち，各主権国家はローマ゠カトリック教会による宗教的権威の拘束に反発して政治的統一をなしとげた[67]。

　近代においても，絶対的な国家主権と不可侵の個人の基本的人権の対立，国家権力の自主性と道徳の内面性の二元的相克，「山上の垂訓」の倫理と権力の必然性の緊張が継続した[68]。ヨーロッパ世界の特色は，政治権力の固有な存在根拠と，キリスト教の人格倫理の二元的な価値の葛藤にある[69]。

［2］支配と服従

　人間関係を，支配関係とそれ以外の一般的従属関係に区分すると，主人と奴隷の関係が前者の例として，教師と生徒の関係が後者の例としてあげられよう[70]。前者においては，両者の利益が対立し，主人は奴隷の使役を，奴隷はそこからの逃亡をめざす[71]。しかるに，後者においては，両者の利益が同一であって，教師も生徒も人間的完成を志向する。

　支配者と被支配者の利害対立にもとづく緊張関係が，あらゆる支配形態の決定的な契機となる[72]。したがって，政治社会では，支配者が物質的・精神的価値を占有して，被支配者の参与を排除するために，物理的強制手段（軍備・警察）を組織する。

　もっとも，政治社会において，治者と被治者のあいだに上記のような緊張関係が存在するだけならば，治者が被治者を抑圧するために維持しなければならない権力機構はいたずらに巨大となるだけでなく，対外的防衛にさいしても脆弱性・危険性を増大させる[73]。そこで，治者は被治者に権力・富・名誉・知識・技能等の価値を分配するとともに，服従の自発性を喚起するような精神的装置を発展させてきた。すなわち，マックス゠ウェーバーによる正当性の根拠としての合法的・伝統的・カリスマ的支配や，メリアムによるクレデンダである[74]。合法的支配は法令に，伝統的支配は以前から存在している体制と支配

力の神聖性にたいする信仰に，カリスマ的支配は支配者とかれが神からあたえ
られた賜物（カリスマ）にたいする熱烈な帰依に，それぞれ依拠するものであ
る[75]。メリアムのミランダが治者にたいする被治者の共感を喚起するもので
あるのにたいして，クレデンダは被治者の知性にうったえるものである[76]。
それは，政治権力を神がさだめたものとか，卓越したリーダーシップの最高度
の表現とか，なんらかの形態の同意をとおして表現された多数者の意志とみな
すことである[77]。

　これらは現実の政治社会に存在する支配関係の実態を隠蔽する役割をもはた
してきた[78]。そうした隠蔽を生じさせないためには，社会が同質的な階級的
基盤のうえにたって，少数者による物質的・精神的価値の独占を排除するとと
もに「他者に統治されるよりも自分で統治したいとおもわない愚者[79]」とな
らないことが重要であろう[80]。

［3］政治権力の諸問題

　権力は，政治学におけるもっとも基本的な概念の1つである[81]。政治権力は，
社会権力の一種である。社会権力は，人間行動のあいだに成立する関係である
ため，物理的世界にはたらく力と区別される[82]。

　権力には，実体概念（権力を人間が所有する，すなわち具体的な権力行使の
背後に一定不変の権力そのものという実体があるという観念）と関係概念（権
力を具体的な状況における人間の相互関係においてとらえる観念）が存す
る[83]。前者の例はマルクス主義に，後者の例はロックにみられる[84]。カール=
マルクスとフリードリヒ=エンゲルスによれば，ブルジョアジーとは社会的生
産手段を所有して，賃労働を使用する，近代の資本家階級である[85]。プロレ
タリアートとは自分で生産手段をもたないので，いきるために自分の労働力を
売るほかはない，近代の賃金労働者の階級である。マルクスとエンゲルスは，
ブルジョアジーがプロレタリアートを支配していたのは，前者が生産手段とい
う権力の実体を有していたからであるとかんがえた。ロックは政治権力の起源
を，共同体を形成するひとびとの相互の同意にあるとしている[86]。権力の関

係概念は，支配が服従を調達してはじめて存することを認識している点で，権力の実体概念とことなる[87]。

　政策とは，価値の生産・獲得・維持・配分にかんする目標と，その実現のための方法を意味する[88]。その価値が富ならば経済政策と，知識ならば教育政策と，権力ならば政治政策となる。政治過程とは，広義において政策一般を，狭義において政治政策を，権力過程（価値剥奪を手段とする人間関係の統制）を通じて，形成・実現する過程をさす[89]。

　組織された権力単位は，ピラミッド的構成をもって出現する[90]。それは①中枢の指導部，②指導部を補佐するエリート，③エリートにしたがって日常的に職務に従事するもの，④非日常的にのみ権力に参与する一般成員からなる[91]。

　人間行動の統制様式は，一定の行動の「指示・命令」と，それを直接明示しない「操縦」からなる[92]。後者は大衆民主主義の時代に発展してきた。権力はその政治目的を達成するため，膨大な大衆に忠誠の観念と情動を喚起する必要にせまられて，伝統的象徴を利用したり，あらたな象徴を創造したりした[93]。そこでは，旗・制服・歌・儀式・祭祀・示威行進・神話・イデオロギーなどが象徴として作用し，マスコミがそれを普及させた[94]。

　現代では，政治権力の集中と集積の傾向がみられる[95]。すなわち科学技術の発展と社会機能の多様化が各権力単位の機構を巨大化・官僚化させ，頂点と底辺の懸隔を生じさせてきた。政治権力の集中と集積の社会的必然性を積極的に肯定したのが，ウラジーミル゠レーニンの共産主義であった[96]。けれども「権力は腐敗しがちであり，絶対権力は絶対に腐敗する[97]。」近代社会の技術的合理化にもとづく社会的必然として生じた集中権力を，大衆の福祉と自発的参与に結合させ，官僚化による社会的回路の閉塞を防止することが，今日の重要な課題となろう[98]。

3　政治学の対象と方法

［1］政治の権力的・倫理的・技術的な側面

　政治学は社会科学のなかで最古の学問であり，ポリスに由来する[99]。けれども，法律学や経済学のように精緻な理論構成をもたない。政治学には，アダム゠スミスの『国富論』やマルクスの『資本論』のような体系性を有する「便利な」古典が存在しない[100]。

　「政治は力である」「政治は倫理である」「政治は妥協である」といわれる[101]。それぞれ政治の権力的・倫理的・技術的な側面に着目したことばである[102]。

　「権力としての政治」については，ウェーバーによる支配の類型やメリアムによるミランダ・クレデンダなどの正当性観念を枢軸として，政治権力の安定・変革・編成・分配およびその獲得のための運動形態が分析対象となってきた[103]。

　「倫理としての政治」については，客観的正義にたいする畏敬も道徳律もない傲慢な政治権力が一時的に隆盛しても，やがて歴史の審判のまえに崩壊することが，第二次世界大戦におけるファシズム諸国の敗北によってあきらかとなった[104]。

　「技術としての政治」は，政治の最後の切札としての暴力の使用を最小限度に節約しようとする「権力の経済」の要請からうまれた[105]。そうした理由で「宣伝」「世論」などの選挙技術の研究が発達してきた[106]。

　権力は政治の現実を，倫理は政治の理念を，それぞれさすのにたいして，技術は現実と理念を媒介する機能を意味する[107]。

　政治学を学習するさいには，第1に自国の政治的課題に回答しなければならない[108]。すなわち外国の政治学の機械的な模倣を排する必要がある。第2に政治学の問題は議会などだけでなく，日常生活のなかにもあるので，それを発見して，ほりさげることが大切である[109]。

［2］政治学における思考様式の転換

政治学の研究には「客観的な」精密な分析だけでなく，善政を志向する問題意識がなければならない[110]。

19世紀末以降，選挙権が拡張して行政機能が膨張すると，古典的立憲政の「ヴィクトリア的均衡」が破綻し，プロレタリアートが政治過程のなかの恒常的な因子となり，大衆的な情動が科学技術を介して巨大な作用をおよぼすようになった[111]。

政治学がこうした大衆民主主義の問題性を意識するのは第一次世界大戦後，ファシズムの勃興に直面してからだけれども，政治学における思考様式の転換は19世紀末期にみられた[112]。たとえば，ウォルタ゠バジョットは『イギリス国制論』において，イギリスの政治機構を形式的・法律的側面からではなくて，制度をうごかす現実的な権力関係と大衆統合の象徴的役割という側面から解明している。バジョット以後，制度論や機構論が政治過程論として動態化していく[113]。

現代政治学における行動論的アプローチ（政治学を科学として発展させるために，明確な数字にあらわすことのできる概念をもちいなければならないという理由で，観察可能な行動のみを分析する手法）の先駆をなすのが，グレイアム゠ウォラスの『政治における人間性』である[114]。それはミドル゠クラス政治理論の前提している合理主義的人間像に挑戦したものであった[115]。政治行動論は「教養と財産」をもつ市民の合理的判断と自主的選択という19世紀的な楽観主義の現実的破綻から出発している。

アメリカの政治学者デイヴィッド゠イーストンは「環境」→「入力（要求・支持）」→「政治システム」→「出力（決定・行為）」→「環境」の循環として政治を把握する政治システム論をとなえて「行動論革命」をおこしたけれども，ベトナム反戦運動や黒人公民権運動や女性解放運動を背景として，その有意性の欠如等を指摘する「脱行動論革命」が生じた[116]。

規範的な政治理論を再興したのは，たとえばハンナ゠アーレントである。かの女は「行為と言論」のなかで生活をおくる古代ギリシアの市民を理想とし，

政治行動論がひとびとを「条件反射的に行動する動物の水準」にひきさげることを危惧した[117]。また，ジョン゠ロールズは『正義論』のなかで「平等な基本的諸自由のもっとも広範な制度枠組にたいする対等な権利」を万人に保障すべきであるということ（平等な自由の原理）と「不平等」がゆるされるのは不遇なひとにとって有利になるときと，機会が均等であるときだけであるということ（格差原理と機会均等の原理）を主張した[118]。

　政治学研究に必要な姿勢は２つある[119]。第１は，適切な精神をもつことである。すなわち①権力の呪縛にたいして不断に抵抗するという意味での「野党性」をもつことと，②感傷主義におちいらずに，政治的認識をおこなうことと，③自分の社会的・個人的環境から生じる判断の偏向を不断に警戒することである[120]。第２は，あらゆることについて，なにごとかをしり，なにごとかについて，あらゆることをしることである[121]。

4　市民のための政治学

［1］政治的無関心

　人間の政治的態度は，政治権力とその象徴にたいする積極的な忠誠・支持と，それにたいする積極的な反抗・否認に大別される[122]。それらのいずれをもしめさない「非政治的（nonpolitical）[123]」態度を政治的無関心という。それは①「脱政治的（depolitical）」態度，②「無政治的（apolitical）」態度，③「反政治的（antipolitical）」態度に分類される[124]。①は，権力過程に幻滅して思考様式が非政治的になるばあいである。②は，芸術や科学に傾倒して，権力への無関心が生じるばあいである。③は，アナーキストや宗教的神秘家のように，自分の信奉する価値が政治と衝突すると予想して，政治化に積極的に抵抗するばあいである。

　伝統型の政治的無関心は，大多数の民衆が政治的支配の客体にとどまっていた近代以前にみられた[125]。それにたいして，現代型の政治的無関心は，虚無主義と冷笑主義が広範な層をとらえた第一次世界大戦後の混乱期にみられ

た [126]。ファシズム独裁は，現実政治にたいする大衆の無力感と絶望感の非合理的爆発にもとづくものであった [127]。

　現代型の政治的無関心を促進してきた条件は，3つある。第1は，政治機構の複雑化とその規模の国際的拡大である。それは大衆の無力感をつよめることとなった。第2は，官庁や企業など，あらゆる社会機能を担当する組織体の膨大な発達と，その内部における分業にもとづく精密な階層性の形成，すなわち現代社会の官僚化・合理化である [128]。ひとびとはきわめて細分化された仕事をくりかえすあいだに，そうした仕事と外部の世界のつながりを日常的に意識することがなくなった。第3は，マスコミに代表される消費文化の普及である。商業ジャーナリズムやスポーツ・映画・演劇などの大衆娯楽が政治的無関心を蔓延させた [129]。

　大衆の政治的無関心は，民主主義の反動化に寄与している [130]。とくに日本では，教育・学問の政治的中立を主張することが，政治権力とその象徴にたいする対抗を否定する結果になりやすい。

［2］**政治的判断**

　本項は，政治を認識する方法を考察するものである [131]。

　たとえば，あるひとが株を購入したとたんに株価が下落したばあい，株を売却したひとの謀略であると非難することはできない [132]。それは株式市場にたいする認識不足によるものである [133]。しかるに，政治においては，状況の客観的な推移によって生じたことまでが，敵の陰謀によるものであるとかんがえられやすい。それは，経済とくらべて，成熟した認識が不足している証左であった。

　致命的な政治的錯誤をおかした指導者を，その動機が純粋であるという理由で是認することがあるけれども，政治は人間の生命をも左右するので，政治責任は結果責任でなければならない [134]。冷徹な認識こそが，政治的な次元での道徳となることは，ニッコロ゠マキァヴェッリが証明していた。かれによれば，賢明な君主は，信義をまもることが自分に不利になったときや，約束したとき

の動機がなくなったとき，信義をまもる必要はない[135]。人間は邪悪で，約束を遵守するものでないから，自分も他者にそうしなくてよい。こうした政治的な思考法は，職業政治家に必須の徳であるけれども，一般の集団においても指導者に必要な資格である[136]。

政治行動は 3 つに分類される。第 1 は直接権力を目的とする行動である[137]。第 2 は権力状況に密接に関連する行動であり，例として圧力団体によるものがあげられる。第 3 は政治的状況に，結果的に影響をおよぼす行動である[138]。たとえば，政治から逃避することが，専制政治を容易にすることである。

現実を固定したものととらえるのではなくて，そのなかにあるどの可能性をのばしていくかということ，すなわち政治の現実を理想と関係づけることが，政治的な思考法の重要な契機である[139]。方向判断と現実認識は不可分であった。国際政治において日本が他国の疑惑をまねく理由の 1 つは，国際政策・外交政策の方向性が明瞭でないことにある[140]。たとえば日本の軍備にかんして「そもそも独立国である以上，軍備をもつのは当然である」という抽象的・一般的命題ではなくて，政治的な現実主義にもとづく思考法すなわち現在の世界の状況のなかで日本が軍備をもつことが，いかなる意味を有するのかという問題から出発しなければならない[141]。

選挙は，最善ではなくて次善の選択である[142]。政治とは最善の選択であるという観念は，政府にたいする過度の期待とむすびつき，政治にたいする幻滅・失望をもたらしやすい[143]。たとえば，日本の新聞は厳正中立を標榜して，どの政党をも批判するけれども，政治になにも期待しない諦観に拍車をかけ，政治的な無関心を助長している[144]。しかるに，外国の新聞は，支持政党を明示している[145]。

日本の政党政治はながいあいだ，保守と革新の対立という図式で説明されてきたけれども，革新政党は護憲を，保守政党は改憲を，それぞれ志向してきた[146]。革新と保守の対立というのは現実的な認識でないにもかかわらず，おおくのひとは資本主義と社会主義のなかで前者を選択してきた[147]。

政治的な現実主義が欠如すると，政治のことばの魔術にあやつられる[148]。

大衆が政治的に成熟していなければ，理性よりも情動が政治のなかでおおきく作用する[149]。それは国民大衆に過度の政治的権利を付与したからではなくて，それを付与しなかった結果である[150]。

　民主主義の円滑な運転は，政治的な訓練をうけた大衆を前提としているけれども，民主主義が大衆を訓練するという面もある[151]。民主主義は「過程の哲学」のうえに成立している[152]。全員一致を理想とすると「村八分」がうまれるけれども，多数決は，ことなる意見が存在するほうがよいという観念にもとづいている。そこから少数意見の尊重，反対意見にたいする寛容という民主主義の重要な徳が生じる[153]。

　選挙にさいして，野党に投票しても無意味であるといわれるけれども，野党が批判・反対することによって与党の政策が変化することもある[154]。選挙で勝利することがすべてで，敗北すれば無意味であるというのは，政治的に成熟した判断とはいえなかった。

［3］現代における態度決定

　政治的争点になっている問題にたいして選択と決断を回避するのは，日本の精神的風土において伝統的な，同調度のたかい行動である[155]。対立する政治的争点にたいして明確な方向性をしめさない態度を良識的である，あるいは不偏不党であるとかんがえる評論家やジャーナリストがかなりいる[156]。たとえば，日本の新聞は決断を回避することによって，社会的・政治的責任を曖昧にしているのではなかろうか[157]。

　なにかをしないことが現実を一定の方向にうごかすため，不作為の責任が生じる[158]。そうならないよう，政治行動を平凡な，ちいさな社会的義務の履行の一部としてかんがえる習慣が，民主主義の基礎である[159]。「在家仏教」ということばがあるように，宗教が僧侶のみのことがらになれば，生命力をうしなう[160]。同様に，本来政治を職業としない人間の政治活動によってこそ，民主主義は活性化する[161]。エドマンド゠バークは，代議士が法律の垣根をとびこえて恣意的な権力を導入しようとするばあい，かれらを公益に配慮させる唯

一の方法は，民衆自身が介入することであるとのべていた[162]。

おわりに

　約言すれば，政治とは，紛争とその解決の過程であるといえよう。「紛争」とは，社会的価値（財貨・知識・尊敬・威信・快適・名声・優越・勢力・権力など）の獲得・維持・増大をめぐるあらそいである。「解決」とは，相手にたいするなんらかの制裁力を背景として，その行使または行使の威嚇によって解決することである。「制裁力」とは，相手の所有するなんらかの価値を，相手の抵抗を排して剥奪する力である。制裁力を背景として紛争を解決する能力を「権力」という。

　丸山は政治学研究に必要な姿勢として，権力の呪縛にたいして不断に抵抗するという意味での「野党性」をもつことなどとともに「あらゆることについて，なにごとかをしり，なにごとかについて，あらゆることをしること」をあげている。これはジョン゠ステュアート゠ミルがスコットランドのセント゠アンドルーズ大学の学生から同大学名誉学長に選出されたあと 1867 年 2 月 1 日におこなった講演でのべた趣旨である。ミルは同講演で「政治学には，したがうべき師はいません。各人が自分自身の力で探究し，独自の判断力を行使しなければなりません」とも主張している[163]。

　ミルによれば，国民教育の全部か大部分が国家の手中にあるというのは，非難すべきことであった[164]。それは個性と，意見・行動様式の多様性とおなじく，教育の多様性をそこなうからである。国家による教育が国民を鋳型にながしこんで，国民の精神にたいする専制，身体にたいする専制を確立することは，あってはならなかった。しかるに，日本において明治末期から修身教育をささえてきた国民道徳論は，まさにそうしたものにほかならなかった[165]。

1）南原繁・丸山眞男「戦後日本の精神革命」『丸山眞男座談 5』（岩波書店，1998 年）14 頁。
2）中村孝文「丸山眞男とデモクラシーのエートス：戦後初期の問題意識」『武蔵野大学人

間関係学部紀要』第 1 号（2004 年）146 頁。

3）長谷川如是閑「我が国に於けるファシズムの可能と不可能：ファシズムの社会的条件と日本の特殊事情の続篇」『批判』第 2 巻第 4 号（1931 年）『長谷川如是閑集第 5 巻』（岩波書店，1990 年）267 頁。

4）田中浩『長谷川如是閑』『田中浩集第 4 巻』（未来社，2014 年）103 頁。

5）都築勉『丸山眞男への道案内』（吉田書店，2013 年）12 頁。

6）丸山眞男「科学としての政治学」松本礼二編注『政治の世界：他十篇』（岩波書店，2014 年）15 頁。

7）同上 17-18 頁。

8）同上 18 頁。

9）同上 24 頁。

10）同上 34 頁。

11）同上 34-35 頁。

12）同上 35 頁。

13）親鸞（石田瑞麿訳）『歎異抄』『親鸞全集別巻』（春秋社，新装版 2001 年）8-9 頁。

14）丸山眞男「人間と政治」松本前掲書 43 頁。

15）Schmitt, Carl, *Der Begriff des Politischen : Text von 1932 mit einem Vorwort und drei Corollarien,* 9., korrigierte Auflage (Berlin : Duncker & Humblot, 2015), S. 57. 田中浩・原田武雄訳『政治的なものの概念』（未来社，1970 年）74 頁。権左武志訳『政治的なものの概念』（岩波書店，2022 年）69 頁。

16）丸山「人間と政治」49 頁。

17）同上 50 頁。

18）同上 51 頁。

19）同上 54 頁。

20）同上 55 頁。

21）Merriam, Charles E., *Political Power* (1934), *A Study of Power* (Glencoe, Ill. : Free Press, 1950), p. 105. 斎藤真・有賀弘訳『政治権力：その構造と技術（上）』（東京大学出版会，1973 年）152 頁。

22）丸山「人間と政治」56 頁。

23）同上 57 頁。

24）同上 57-58 頁。

25）同上 58 頁。

26）同上 62-63 頁。

27）同上 63 頁。

28) 丸山眞男『政治の世界』松本前掲書 69 頁。

29) Cole, G. D. H. and Margaret, *A Guide to Modern Politics* (London : V. Gollancz, 1934), p. 9.

30) 丸山『政治の世界』75 頁。

31) 同上 78 頁。

32) 同上 78-79 頁。

33) 同上 83 頁。

34) 同上 84 頁。

35) 同上 85-86 頁。

36) 同上 86 頁。

37) Hobbes, Thomas, *Leviathan*, Noel Malcolm ed., *The Clarendon Edition of the Works of Thomas Hobbes*, Vol. II (Oxford : Clarendon Press, 2012), p. 150. 加藤節訳『リヴァイアサン（上)』（筑摩書房，2022 年）164 頁。

38) 丸山『政治の世界』87 頁。

39) 同上 88 頁。

40) 同上 92 頁。

41) 同上 95 頁。

42) 同上 96 頁。

43) 同上 102 頁。

44) 同上 103 頁。

45) 同上 104 頁。

46) 同上 105 頁。

47) 同上 106 頁。

48) 同上 107 頁。

49) 同上 110 頁。

50) 同上 112 頁。

51) 同上 115 頁。

52) 同上 119 頁。

53) 同上 119-120 頁。

54) 同上 120 頁。

55) 同上 120-121 頁。

56) 同上 123 頁。

57) 同上 124 頁。

58) 同上 129-130 頁。

59）同上 131 頁。

60）同上 132-134 頁。

61）同上 146 頁。

62）同上 149 頁。

63）同上 151-152 頁。

64）丸山眞男「権力と道徳」松本前掲書 161 頁。

65）同上 164-166 頁。

66）同上 167-168 頁。

67）同上 168 頁。

68）同上 171-178 頁。

69）同上 180 頁。

70）丸山眞男「支配と服従」松本前掲書 186-187 頁。

71）同上 188 頁。

72）同上 191 頁。

73）同上 193 頁。

74）同上 194 頁。

75）Weber, Max, „Die drei reinen Typen der legitimen Herrschaft," *Gesamtausgabe*, Abt. I, Bd. XXII-4 (Tübingen : J. C. B. Mohr, 2005), S. 726, 729, 734.

76）Merriam, C. E., *op. cit.*, p. 113. 斎藤・有賀訳 164 頁。

77）*Ibid.*, p. 114. 165 頁。

78）丸山「支配と服従」196 頁。

79）Hobbes, T., *op. cit.*, p. 234. 加藤訳 247 頁。

80）丸山「支配と服従」199 頁。

81）丸山眞男「政治権力の諸問題」松本前掲書 203 頁。

82）同上 203-204 頁。

83）同上 205 頁。

84）同上 206-207 頁。

85）Marx, Karl und Friedrich Engels, *Manifest der Kommunistischen Partei,* Institut für Marxismus-Leninismus beim ZK der SED, *Karl Marx Friedrich Engels Werke,* Bd. IV (Berlin : Dietz, 1959), S. 462. 村田陽一訳『共産党宣言』大内兵衛・細川嘉六監訳『マルクス = エンゲルス全集第 4 巻』（大月書店，1960 年）475 頁。

86）Locke, John (Peter Laslett ed.), *Two Treatises of Government,* 2nd ed. (London : Cambridge University Press, 1967), bk. II, §171, p. 400. 加藤節訳『完訳統治二論』（岩波書店，2010 年）501 頁。

87）丸山「政治権力の諸問題」209 頁。

88）同上 220 頁。

89）同上 220-221 頁。

90）同上 224 頁。

91）同上 225 頁。

92）同上 227 頁。

93）同上 227-228 頁。

94）同上 228 頁。

95）同上 230 頁。

96）同上 233 頁。

97）Dalberg-Acton, John Emerich Edward (First Baron Acton), "Letter to Bishop Creighton," John Neville Figgis and Reginald Vere Laurence ed., *Historical Essays & Studies* (London : Macmillan, 1907), p. 504.

98）丸山「政治権力の諸問題」234 頁。

99）丸山眞男「政治学入門（第 1 版）」松本前掲書 244 頁。

100）同上 245-246 頁。

101）同上 248 頁。

102）同上 249 頁。

103）同上 256 頁。

104）同上 260-261 頁。

105）同上 263 頁。

106）同上 265 頁。

107）同上 267 頁。

108）同上 271 頁。

109）同上 273-274 頁。

110）丸山眞男「政治学」松本前掲書 282 頁。

111）同上 294 頁。

112）同上 295 頁。

113）同上 299 頁。

114）同上 301 頁。

115）同上 302 頁。

116）Easton, David, *A Framework for Political Analysis* (Englewood Cliffs, N.J. : Prentice-Hall, 1965), p. 112. 岡村忠夫訳『政治分析の基礎』（みすず書房，1968 年）130 頁。Do., *The Political System : An Inquiry into the State of Political Science*, 2d ed. (New York :

Knopf, [1971]), p. 323. 山川雄巳訳『政治体系：政治学の状態への探求』（ぺりかん社，1976 年）331 頁。

117）Arendt, Hannah, *The Human Condition*, 2nd ed. (Chicago, Ill. : University of Chicago Press, 1998), pp. 25, 45. 牧野雅彦訳『人間の条件』（講談社，2023 年）55, 77 頁。

118）Rawls, John, *A Theory of Justice*, rev. ed. (Cambridge, Mass. : Belknap Press of Harvard University Press, 1999), p. 53. 川本隆史・福間聡・神島裕子訳『正義論』（紀伊国屋書店，2010 年）84 頁。

119）丸山「政治学」311 頁。

120）同上 312 頁。

121）Cf. Mill, John Stuart, *Inaugural Address Delivered to the University of St. Andrews* (1867), John M. Robson ed., *Collected Works of John Stuart Mill*, Vol. XXI (Toronto : University of Toronto Press, London : Routledge & Kegan Paul, 1984), p. 223. 竹内一誠訳『大学教育について』（岩波書店，2011 年）28 頁。

122）丸山眞男「政治的無関心」松本前掲書 327 頁。

123）Lasswell, Harold D. and Abraham Kaplan, *Power and Society : A Framework for Political Inquiry* (New Haven ; London : Yale University Press, 1965), p. 145. 堀江湛・加藤秀治郎・永山博之訳『権力と社会：政治研究の枠組』（芦書房，2013 年）184 頁。

124）*Ibid.*, p. 146.

125）丸山「政治的無関心」329 頁。

126）同上 330 頁。

127）同上 331 頁。

128）同上 333 頁。

129）同上 334 頁。

130）同上 336 頁。

131）丸山眞男「政治的判断」松本前掲書 340 頁。

132）同上 344-345 頁。

133）同上 345 頁。

134）同上 347-348 頁。

135）Machiavelli, Niccolò, *Il principe*, a cura di Mario Martelli, *Edizione nazionale delle opere di Niccolò Machiavelli*, I/1 (Roma : Salerno, 2006), p. 236. 池田廉訳『君主論』『マキァヴェッリ全集 1』（筑摩書房，1998 年）59 頁。

136）丸山「政治的判断」350 頁。

137）同上 353 頁。

138）同上 354 頁。

139）同上 358 頁。

140）同上 361 頁。

141）同上 363 頁。

142）同上 369 頁。

143）同上 370 頁。

144）同上 371 頁。

145）同上 376 頁。

146）同上 377-378 頁。

147）同上 379-381 頁。

148）同上 381 頁。

149）同上 384 頁。

150）同上 385 頁。

151）同上 386 頁。

152）同上 388 頁。

153）同上 389 頁。

154）同上 392 頁。

155）丸山眞男「現代における態度決定」松本前掲書 402 頁。

156）同上 406 頁。

157）同上 407 頁。

158）同上 411 頁。

159）同上 413 頁。

160）同上 413-414 頁。

161）同上 414 頁。

162）Burke, Edmund, *Thoughts on the Present Discontents* (1770), Paul Langford ed., *The Writings and Speeches of Edmund Burke*, Vol. II (Oxford : Clarendon Press, New York : Oxford University Press, 1981), p. 311. 中野好之訳『現代の不満の原因を論ず』『バーク政治経済論集：保守主義の精神』（法政大学出版局，2000 年）73 頁。

163）Mill, J. S., *Inaugural Address Delivered to the University of St. Andrews*, p. 244. 竹内訳 93 頁。

164）Do., *On Liberty* (1859), John M. Robson ed., *Collected Works of John Stuart Mill*, Vol. XVIII (Toronto : University of Toronto Press, London : Routledge & Kegan Paul, 1977), p. 302. 関口正司訳『自由論』（岩波書店，2020 年）233 頁。

165）泉谷周三郎「國民道徳と個人主義」『横浜国立大学教育人間科学部紀要Ⅲ（社会科学)』第 3 集（2000 年）16 頁。

[第2章]

民主主義

はじめに

　第二次世界大戦後，日本はアメリカ軍の占領下におかれ，軍隊の解散・女性解放・農地改革・教育改革などをとおして民主化がすすめられた。1946年には基本的人権の尊重・国民主権・平和主義をうたった日本国憲法が公布された。このように戦後日本の民主化は他律的におこなわれ，十分に定着してこなかったので，政治学者はこうした状況を克服しようと努力してきた。ここでは，そのなかで憲法前文における「人類普遍の原理」の政治学史的解明を自己の使命として設定し，全力を投入してきた福田歓一をとりあげたい[1]。

　福田は1923年にうまれた。戦後，東京帝国大学法学部を卒業して，東京大学法学部助教授をへて教授となる。退職後は，明治学院大学の学長などをつとめた。専攻は政治学史。著作は『福田歓一著作集』（岩波書店，1998年）にまとめられている。2007年に死去した。本章は主として福田の『近代民主主義とその展望』（岩波書店，1977年）と「最近のcivil society論と政治学史の視点」『日本學士院紀要』第53巻第2号（1999年）に依拠して，民主主義について討究するものである。

1　現代史のなかの民主主義

［1］期待と幻滅

　第一次世界大戦は，軍人だけの戦争ではなくて総力戦であった[2]。そこで，

おおきな犠牲をはらいながら戦争協力をしいられた民衆は，この戦争の目的を明確にするよう政府にせまると，イギリス・フランスなど協商国の戦争指導者は，この戦争がドイツの軍国主義にたいする民主主義のための戦争であると回答した。

　第一次世界大戦が終結すると，民主主義は戦勝国の原理となり，ヴェルサイユ体制とむすびついて，平和の希望につながった[3]。けれども，アメリカ合衆国のウッドロウ゠ウィルソン大統領が無賠償・無併合の講和を提案したにもかかわらず，ヴェルサイユ体制は旧態依然たる権力政治による勢力圏の分割におわった。

［2］ヴァイマルの悲劇

　第一次世界大戦後，ドイツは軍国主義の清算をせまられて，民主主義による建国をめざし，ヴァイマル憲法による共和制を実現した。同憲法は近代革命の原理を導入するとともに，社会権を保障していた。たとえば，同憲法第151条第1項では生存権を保障し[4]，第153条第3項では，所有権が義務をともない，その行使が公共善に役だつべきであると規定している[5]。

　ヴァイマル共和国は1919年から1933年まで存続した。ヴァイマル゠デモクラシーが滅亡した原因の第1は，敗戦後に戦勝国の原理を受容してつくられた民主主義の体制に，ドイツ国内ですさまじい敵意が残存していたことである[6]。第2は，ヴァイマル体制が，ドイツにとって苛酷にして屈辱的なヴェルサイユ体制とむすびつけられ，国民的な怨恨をかりたてたことである。そうした背景のもとで，ヴァイマル体制にたいする最強の敵であったナチスが，ヴァイマル民主主義の時代に適合した大衆運動としての組織を有し，その民主主義の機構にのって，選挙に勝利し権力を掌握した[7]。

［3］戦後史のなかで

　第二次世界大戦は，連合国にとって民主主義を共通の目的とする戦争であり，ファシズム，ナチズム，日本の軍国主義と敵対した。第一次世界大戦後は，ヴ

ェルサイユ体制に平和の永続を夢想したのにたいして，第二次世界大戦後は，東西冷戦がはじまっていたため，平和への幻滅から出発した[8]。けれども，やがて戦勝国の原理としての民主主義が普遍的な権威をもつようになった[9]。ウィンストン゠チャーチルは「民主主義は，最悪の政体である。ただし，人類がいままで試行したほかのあらゆる政体をのぞけば，最悪のものである[10]」とのべている。

［4］冷戦文脈の拘束

冷戦は軍事的な対立であると同時に，イデオロギーの対立でもあった[11]。すなわち資本主義と社会主義，自由主義と共産主義の対立であった。そのなかで，アメリカはソヴィエト社会主義共和国連邦を民主主義ではなくて全体主義であると，ソ連はアメリカを民主主義ではなくて帝国主義であると，たがいに非難しあった[12]。こうして民主主義が積極的な原理としての意味を喪失すると，消極的な用法が横行するようになる。たとえば，共産主義に反対するから民主主義である，あるいは帝国主義に反対するから民主主義であるという，珍奇な主張がうまれた[13]。

［5］噴出する問題群

第二次世界大戦後には，核兵器，公害，第三世界における貧困などの問題が噴出してきた[14]。

［6］冷戦の後遺症

第二次世界大戦後，第三世界が解放され，ほとんどの地域は政治的独立を獲得したけれども，ながい植民地搾取による経済生活の遅滞がみられた[15]。

ソ連はほかの社会主義国に従属をしいるとともに，国内における人権の尊重も確立していなかった。アメリカはベトナム戦争への干渉という，道徳的にも政治的にも弁護の余地のない大失策をおかすとともに，国内における深刻な人種問題をかかえていた[16]。

2　民主主義の歴史

［1］前史としての古典古代——ギリシアの民主政治——

　近代民主主義は社会体制や政治機構にとどまらず，それに先だつ運動・イデオロギー・目標でもある [17]。しかるに，古代ギリシアにおけるデモクラティアすなわちデモス（民衆）の支配は，共通の信仰と慣習をもった自由民の共同体としてのポリスが所与のものであるため「民主主義」ではなくて「民主政体」というのがふさわしい [18]。

　ポリスにおける自由民の最大の義務は，武装して戦闘に従事することであった。義務をおうものには政治上の権利を付与しなければならないため「重装歩兵の民主主義」が実現した [19]。そこでは，すべての自由民が民会で政治的な決定をするとともに，役人・陪審員を抽選でえらんだ [20]。

［2］革命の炎——近代民主主義の起源——

　アメリカ独立革命とフランス革命をへて，デモクラシーを「民主主義」という用法がうまれた [21]。それは，民衆が権力を奪取して，身分制を徹底的に打破する政治運動・思想・イデオロギーを意味する。たとえば，独立宣言は，天賦の権利を確保するために，人類のあいだに政府が組織され，その正当な権力が被治者の合意に由来するという原理的立場を簡潔明瞭にうたっている [22]。

［3］継承された制度——立憲主義の近代的転回——

　立憲主義とは中世ヨーロッパ，すなわち古代世界とことなる文化としてゲルマン人がつくりあげたヨーロッパ世界の遺産である [23]。それを構成する第1の要素は根本法であり，その好例が大憲章（マグナ゠カルタ，1215年）である。これは成文法によって王権を拘束するものであった [24]。たとえば，同第12条は，国会の承認をえなければ，国王が課税しえない旨をさだめている [25]。第2の要素は身分制議会であり，徴税のために必要なものであった。1295年にイギリスで模範議会が招集された [26]。それは貴族と庶民という当時の身分制

社会を模範的に反映するものであった。

　17 世紀になると，イギリスで国王が国会を圧迫して，根本法を無視するようになった。その結果，ピューリタン革命が生じ，王政復古をへて，名誉革命がおきると，国会が権力の中枢となった。ジョン゠ロックの『統治二論』には，名誉革命を支持する立場がうかがえる[27]。かれの思想と中世立憲主義の第 1 の相違点は，思想の原点を身分ではなくて，自由・平等な個人においていることである。第 2 の相違点は，私有財産の根拠を世襲の身分ではなくて，労働の成果としていることである。

　18 世紀になると，庶民院の信任を内閣の存続条件とする責任内閣制がうまれ，国王は「君臨すれども統治せず」といわれるようになった[28]。

［4］新世界の実験——アメリカン゠デモクラシーの世界——

　1620 年，イギリスでジェイムズ 1 世から弾圧されたピューリタン（ピルグリム゠ファーザーズ）が帆船メイフラワー号でアメリカにわたり，マサチューセッツ州のプリマスに定住して，ニューイングランド植民地の基礎をつくった。それは平等な人間の相互組織であって，構成原理（社会を構成する原理）として民主主義の論理を採用し，タウン゠ミーティングを運営した[29]。

　1775 年に開始した独立戦争では「代表なくして課税なし」という立憲主義的な原理によってイギリスに抵抗した[30]。1783 年の独立をへて，1787 年に制定した合衆国憲法は，民衆の合意にもとづくものであった[31]。

　1829 年には，アンドルー゠ジャクソンが西部の自営農民と東部の勤労大衆の支持をうけて大統領に就任し，民主化を推進した。

　こうしたアメリカン゠デモクラシーの第 1 の特質は，ヨーロッパのような身分制度と対決する必要がなかったという意味で，民主主義が所与の事実であったということである[32]。第 2 の特質は，権力が分散的だということである。連邦政府は，各州の地方分権のうえに成立しているとともに，厳格な権力分立の原理によって，立法権・行政権・司法権を区別していた。第 3 の特質は「草の根の民主主義」すなわちタウン゠ミーティングにみられた直接民主主義の伝

統にもとづいているということである³³⁾。

［5］運動としての民主主義——フランス革命とヨーロッパの闘争——

　1789 年にフランスで三部会が招集されると，第三身分の議員は自分たちが真に国民を代表する国民議会であると称して，封建的特権を廃止し，人権宣言を採択した。1792 年に王制を廃止して，共和制を樹立したあと，1793 年にマクシミリアン゠ロベスピエールを中心とする急進共和主義のジャコバン派が，男性普通選挙をさだめた民主主義的な憲法を制定した。1804 年にナポレオン゠ボナパルトが国民投票という「民主主義風の」方法で皇帝に即位してナポレオン 1 世と称し，絶対王政以上の中央集権体制ができあがった³⁴⁾。ブルボン復古王政の国王シャルル 10 世による反動政治に抗して，1830 年に七月革命が勃発した。シャルル 10 世の亡命後，自由主義者としてしられるルイ゠フィリップが即位し，七月王政が成立したあと，民主主義は小市民や労働者の運動を意味するものとなった³⁵⁾。

　1848 年 2 月，カール゠マルクスとフリードリヒ゠エンゲルスは『共産党宣言』を出版し，労働者革命の第一歩が，プロレタリアートを支配階級の地位にたかめ，民主主義をたたかいとることにあると主張した³⁶⁾。産業革命が本格化したフランスでは，富裕層が優遇され，中小資本家や労働者は選挙権をみとめられなかった。1848 年，後者による選挙法改正の要求が拒否されると，二月革命が勃発する。ルイ゠フィリップが亡命して，第二共和政が成立した。それはドイツにも波及し，プロイセンで自由主義的内閣が成立した（三月革命）。

　フランスでは同年 4 月に男性普通選挙制にもとづく議会選挙が施行されたけれども，社会主義者は大敗し，六月蜂起も鎮圧された。同年 12 月におこなわれた大統領選挙では，ルイ゠ナポレオンが伯父ナポレオン 1 世の名声を利用して当選した。かれは 1851 年，クーデタによって議会を解散し，独裁権を掌握した。翌 1852 年には国民投票にもとづいて皇帝に即位し，ナポレオン 3 世と称して第二帝政がはじまった。1870 年にナポレオン 3 世がプロイセン゠フランス（普仏）戦争に敗北すると，パリで蜂起が発生し，第二帝政が崩壊した。

1871 年には，労働者などの民衆を中心とする世界史上最初の自治政府パリ＝
コミューンがうまれたけれども，それを打倒したアドルフ＝ティエールが第三
共和政の初代大統領に就任した。

［6］議会制民主主義にむかって——イギリス立憲政治の民主化——

1789 年にフランス革命が勃発したとき，イギリスでは人権保障も議会政治
も責任内閣制も確立していた [37]。もっとも，立憲政治ではあっても，それを
運営しているのは土地貴族であり，選挙権は極端に制限されていたため，民主
主義的ではなかった。そのため，功利主義者ジェレミ＝ベンサムが「最大多数
の最大幸福」をめざして国会改革を主張した [38]。その結果，1832 年の第 1 回
選挙法改正で選挙権が拡大され，1928 年の第 5 回選挙法改正では，男女平等
選挙権が実現した [39]。

その間，1911 年の議会法によって，庶民院（下院）の法案決定権が貴族院（上
院）に優越することが確定した [40]。1945 年には，労働党のクレメント＝アト
リー首相が広範な福祉保障制度を導入した [41]。

このようにイギリスの民主主義は，立憲主義の民主化という経路をたどっ
た。その第 1 の特徴は，アメリカとことなって身分制的な構造が残存してい
ることである。第 2 の特徴は，庶民院の多数派の党首でもある首相が，厳格
な権力分立の制度下にある大統領よりも強力な権力を有していることであ
る [42]。第 3 の特徴は，民主主義の実質を保障しているのが，日常的な政治参
加ではなくて討論だということである [43]。

［7］ヨーロッパ大陸における民主主義の制度化

1875 年，フランスで第三共和国憲法が制定された。それは三権分立・二院制・
任期 7 年の大統領制などを規定するものであり，以後，フランスで民主主義
が制度化され，機構として定着していく [44]。第二次世界大戦後の第四共和政は，
第三共和政の継続・延長であった [45]。1958 年になると，シャルル＝ド＝ゴー
ルが第五共和国憲法を制定し，大統領の権限を強化した [46]。

　1918 年，第一次世界大戦の即時講和を要求するドイツの水兵がキール軍港
で蜂起すると，革命運動が拡大して，皇帝ヴィルヘルム 2 世は亡命し，ドイ
ツは共和国となった（ドイツ革命）。以後，ドイツで民主主義が制度化され
た[47]。1919 年に国民議会で社会民主党のフリードリヒ゠エーベルトが大統領
に選出され，民主的なヴァイマル憲法が制定された。けれども，1929 年の世
界恐慌によって失業者が増加し，社会不安がひろがると，おおくのひとびとが
ナチ党の大衆宣伝の影響をうけて，ヴァイマル共和国の民主主義に期待せず，
ナチ党を支持するようになった。1932 年の選挙で同党は第一党になり，1933
年にアドルフ゠ヒトラーが首相に任命された。第二次世界大戦後は，ドイツ連
邦共和国（西ドイツ）が制度的に民主主義を定着させていった[48]。

［8］共産主義と民主主義——権力についた共産党の問題——

　第一次世界大戦は，政治体制の民主化を推進した[49]。ヨーロッパでは，普
通選挙権，女性選挙権，死票をなくすための比例代表制などが導入され
た[50]。たとえば，ヴァイマル憲法第 22 条第 1 項は「議員は，普通・平等・直
接および秘密の選挙において，比例代表の原則にしたがい，満 20 歳以上の男
女によって選出する」と規定している[51]。ロシアでは，1917 年のロシア革命
をへて，共産主義すなわちもう 1 つの民主主義の国家が実現した。もっとも，
ウラジーミル゠レーニンは革命運動を指導し，民衆を政治的に覚醒させること
を志向したけれども，ヨシフ゠スターリンは官僚制的な機構と秩序を強化し
た[52]。それは民主主義ではなくて専制にほかならなかった[53]。1956 年 2 月，
ニキータ゠フルシチョフ共産党第一書記は，書記長だったスターリンが反対派
を大量に処刑して，かれ自身への個人崇拝を強化したことを批判した。同年
10 月，ハンガリーで社会主義体制とソ連からの離脱を要求する大衆行動がひ
ろがったけれども，ソ連の軍事介入によって鎮圧された（ハンガリー事件）。
1968 年には，チェコスロヴァキアで民主化を要求する市民運動「プラハの春」
が発生したけれども，ソ連軍の侵攻によって挫折し「人間の顔をした社会主義」
は当時，実現しなかった[54]。

3 民主主義の理論

　民主主義の目標（価値原理）は，自由と平等にある[55]。それを実現するために，機構上の原理（機構原理）が形成された。

［1］民主主義の価値原理

　17世紀のイギリス革命によって，権力からの自由が，ある身分だけでなく，すべての人間に共通であるという普遍性の主張とむすびついて，平等の理念と不可分になった[56]。このような国家からの自由すなわち権力から干渉されない自由をまもるためには，国家への自由すなわち国政に参加する権利が必要であった[57]。こうした根拠にもとづいて，水平派（議会派のなかの急進派）は普通選挙制を主張した。

　その後，自由権保障の要求が民主主義の要求となり，政治参加の権利が政治的自由という基本的人権の一部になった[58]。古代以来，民主主義は政治参加資格の拡大を要求する運動であった[59]。

［2］民主主義の機構原理

　民主主義の理念は，自由・平等な複数の個人の自発的な秩序すなわち自治にある[60]。民主主義の価値原理である自由と平等は，制度・機構となって，はじめて実現するものである[61]。

　今日における民主主義の制度・機構は元来，民主主義の理念と関係ない立憲主義に由来する。たとえば，権力分立は，中世における混合政体の観念（国王が君主政体を，貴族が貴族政体を，庶民が民主政体を，それぞれ表現して安定した政治体制をつくるという観念）を近代国家の条件に転用したものであった。こうした立憲主義に由来する制度が民主主義の機構として受容されるようになったのは，近代国家が大規模な政治社会であるため，直接民主主義が不可能だからである[62]。

① 代表の原理

　代表の原理は，議会政治が発達するなかで，それを意味づけるものとして形成された機構原理である[63]。エドマンド＝バークは，国民代表の観念を主張した[64]。それはたんに選挙民の依頼を政府に伝達する代理とはことなって，選挙民を代表して国政に参加する代議士が，国民全体の利害の立場から判断するのであって，選挙区の利害に拘束されないというものであった[65]。

　バークが身分制のつよい選挙法改正以前の名望家支配をまもろうとしたのにたいして，ベンサムは選挙法を改正して国会を民主主義的なものにしようとして，バークによる貴族主義的な代表原理を民主主義的な運動によって攻撃した[66]。その後，代表原理は民主主義の不可欠の機構原理として定着した。

② 多数決の原理

　多数決の原理は，全員一致でなければ意志決定をなしえないと，危急存亡のときに迅速な行動をとりえないので，それを回避する便法として受容されたものである[67]。その舞台は代表原理とおなじく，身分制議会であった。代表原理とは，たとえば庶民院が増税に賛成すれば，それを選出した庶民も賛成したものとみなすものであり，多数決原理は，庶民院の多数が増税に賛成すれば，庶民院全体が賛成したものとみなすものである[68]。「民主政治が依拠する原理は，頭をたたきわるよりも，それを勘定するほうが賢明だということ[69]」だからである。このように議会という機構は元来，民主主義と無関係であったけれども，社会における多数を反映させる圧力が普通選挙を実現したことによって，民主主義の道具となった[70]。

［3］民主主義の方法原理

　もともと民主主義のためにつくられたわけでない機構原理が，民主主義の価値原理を実現する手段として役だつには，その機構を活用する方法原理が身についていなければならない[71]。

① 討論と説得

その方法原理として最初にあげられるのが、討論と説得である。多数決をとるまえに十分な討論と説得の過程がなければならない。それがなければ、多数決はたんなる専制になる[72]。

議会政治が前提としているのは、ただしい決定に到達するには、討論をすることに非常に積極的な価値があるという確信であり、自分が最初からただしいとはかぎらず、議論をとおして、よりよい思考をみいだしうるという信念であり、議論をとおして問題が明確になり、説得によってひとびとの意見が変化する可能性があるという信条であった[73]。

もっとも、議会における討論と説得の過程によって多数と少数が交代することは例外的かもしれない[74]。けれども、討論と説得の過程を反復することは、争点を国民に明示するとともに、結果責任を追及する責任政治の条件として作用する。

② 参加と抵抗

このように、討論と説得という方法原理は、代表と多数決という機構原理を、自由・平等という民主主義の価値原理の実現のために役だてている。けれども、代議制度ではまもることのできない利害もある[75]。たとえば「公害」である。いわゆる「迷惑施設」の建設に反対する地域住民の要求を無視すれば、民主主義は形骸化する[76]。多数決では解決しえない問題にたいして「参加」が機構の内部におさまらなければ「運動」になり「運動」が既成の法律の枠外にあれば「抵抗」になる。こうした「抵抗」を機構のなかにとりこむ努力が重要である[77]。それは、すべての成員を政治の当事者として、その立場を尊重しながら自分たちの社会を運営していく民主主義の原則をまもるために、不可欠だからである。民主主義を育成するには、自分で自分の秩序をつくる体験が必要である。現実の経験を通じて秩序形成の実技をおぼえる手段として、アレクシ゠ドゥ゠トクヴィルはひとびとの感情と思想をあらため、心をひろげ、人間精神を発展させる相互の活動をうみだす「結社」を重視している[78]。それは政治

機構の内部ではなく，外部で民主主義をになう人間を培養するものであった。

4 現代の民主主義

［1］民主化と大衆化

　現代において，普通選挙権が承認されたことによって，社会の底辺にあった
ひとびとが政治の当事者になり，政治の世界に登場した[79]。同時に，人間が
工業化によって大量生産・大量販売される商品と同様に，規格化・画一化され
るようになった[80]。こうした社会の大衆化によって，大衆の欲求が政治に投
射され，流入すると，政治が情緒的・情動的になり，大衆民主主義が成立し
た[81]。その結果，世界恐慌にともなう大衆の生活不安を背景として，ユダヤ
人を悪者にし，ナチスが権力を掌握すれば，すべてよくなるとうったえて，大
衆の支持を獲得し，国会の多数をしめる事態が発生した[82]。

［2］管理者国家と民主主義

　アメリカはニューディール政策で世界恐慌をのりこえようとして，失業救済・
公共投資による行政国家化がすすんだ[83]。西ヨーロッパは第二次世界大戦後，
完全雇用をめざして福祉国家を実現した[84]。もっとも，アメリカも西ヨーロ
ッパも管理者国家である点は，おなじであった[85]。近代社会はかつて人間の
自由・平等をうたってうみだされたのに，現代社会は高度に組織化され，軍隊
に類似したものになった。

［3］共産主義世界における民主主義の問題

　管理者国家の問題がいっそう直截にあらわれたのは，共産主義国家であっ
た[86]。たとえば，ソ連では，管理者の組織が民衆の生活を監督し，後見人と
して指導した[87]。

［4］非西洋世界における民主主義

　1949 年，毛沢東は中華人民共和国の成立を宣言した。それは独立と解放を実現するためのあたらしい見方を，西洋に起源をもつマルクス主義から学習して，なしとげたものであった[88]。インドは 1947 年にイギリスから独立した。それは中国とことなって，マハトマ゠ガンディーの非暴力・不服従運動のような土着の抵抗を通じてなされたものであった[89]。第三世界では，独立にともなう特権集団の発生や，工業先進国による援助の横領や，汚職の横行がみられた[90]。そこでは，民衆の自己解放が必要であった。

5　民主主義の展望のために

［1］歴史的展望への要求

　近代民主主義をつくりだした最初の契機は，17 世紀のイギリス革命であった[91]。そこでは，民衆が政治から疎外されて非政治的な世界のなかで生活していた境遇を打破し，底辺からの政治化が発生した。それは立憲主義のような異質の機構原理を民主主義と溶接して，絶対王政が強権によってつくりだした地域国家を国民のものに変容させて，近代民主主義をうみだした[92]。

　こうした構成原理としての民主主義は，所与の事実として個人を拘束してきた社会生活のメカニズムをあきらかにし，政治社会のありかたを再考する余地をうんだ[93]。身分制社会に埋没していた人間が一個の人格として自立したことは，近代民主主義の特質としての基本的人権の保障の根拠となった。基本的人権の保障とは，換言すれば，個人の人格を尊重することであり，人間の尊厳を確認することである[94]。

　その後，18 世紀のアメリカ独立革命とフランス革命において，底辺からの政治化があたらしい政治様式をもたらした。すなわち政治生活を人間の自覚的な営為としようという新時代が到来し，自分で秩序をつくって，それをになおうとする精神が躍動することとなった。

　現在，民主主義が解決すべき課題については，その起源から歴史的な展望の

なかで考察することが必要である[95]。

［2］国家の問題

　近代民主主義が前提とした政治社会は主権国家，国民国家という中規模の社会である[96]。そこでは，所与としての主権国家に，構成原理としての民主主義が適用された[97]。

　民主主義は人間のあいだに 1 つの共同体をうみだして，本当の政治生活の単位をつくるものとされている。しかし，現在，絶対王政が強権によってつくりあげた国民国家は，そうした単位として適当かということが問題となり，各国で民族問題が発生している。

［3］人類共存の条件

　現在，人類が共存するための条件の 1 つとして，軍備撤廃をあげることができよう[98]。軍備拡大は万人に当事者の地位を付与するという民主主義の原則にも，それのみが人間の尊厳をまもりうるという民主主義の長所にも反するものである[99]。

6　市民社会論

［1］東欧革命

　1989 年，ポーランドの選挙で自主管理労働組合「連帯」が圧勝し，連立政権が発足した。それは非権力的でありながら公共的な civil society のモデルを提供するものであり，ほかの東欧諸国にも波及した[100]。

［2］Zivilgesellschaft の波及と理論化

　1980 年代以降，東欧諸国の民主化や西欧諸国の新自由主義による貧富の格差の拡大などを背景に，権力を行使する「国家」とも私益を追求する「市場」ともことなる「市民社会」が，自発的に公益を志向する領域として脚光をあび

るようになった。それはゲオルク゠ヴィルヘルム゠フリードリヒ゠ヘーゲルの
いう „bürgerliche Gesellschaft" ではなくて「自由な意思にもとづく非国家的・
非経済的な結合関係 [101]」を核心とする „Zivilgesellschaft" であり「共同
（associations）」と「公共（publics）」を主たる要素とする「経済と国家から
区別された社会的相互作用の領域 [102]」である。

　ユルゲン゠ハーバーマスが Zivilgesellschaft という新語をつくったのは，そ
こに民主主義の閉塞感を打破する新理論を看取したためである [103]。かれがめ
ざしたのは，民主主義を多党制に収斂するヨウゼフ゠シュンペーター流のエリ
ート主義ではなくて——シュンペーターは選挙民の役割がかれら自身で「問題
を解決する」ことではなくて，どの候補者をえらぶかということにすぎないと
かんがえた [104]——，万人が平等に政治に参加して決定にあずかるラディカ
ル゠デモクラシーであった [105]。

［3］古典語復興と近代国家の現実

　πόλις, civitas が古代ギリシア・ローマにおける自由民の共同体をさすのに
たいして，権力・権力者・権力機構を意味する stato に由来する新語 state,
État, Staat は，16 世紀の主権国家をさす。ロックの『統治二論』は state で
はなくて political or civil society を構想したものであった [106]。

［4］2 つのモデルと階級問題

　アダム゠スミスはロックの抽象的個人を地主・資本家・労働者に分化させ，
国富がかれらのあいだで，それぞれ地代・利潤・賃金として分配されると主張
した。ヘーゲルによれば，bürgerliche Gesellschaft はだれもが自己の欲求を
満足させようとするものであり，その欲求の対立によって肉体的・精神的な頽
廃の光景をしめすとかんがえた [107]。かれは，そこで生じる下層階級の福祉政
策を内務行政に担当させようとした。その後，マルクスはヘーゲルの
bürgerliche Gesellschaft を転覆する階級廃絶の夢をプロレタリアートに託し
た [108]。

［5］中間団体論の系譜

　トクヴィルはジャクソニアン゠デモクラシー下にあったアメリカ政治を観察して，自発的結社の重要性を認識した [109]。アントニオ゠グラムシはファシズムの犠牲となったイタリア共産党の指導者であり『獄中ノート』においてロシア型の共産主義とことなる革命戦略を構想した [110]。かれは「上部構造」を「市民社会」すなわち「民間」といわれている機構全体と「政治社会あるいは国家」にわける [111]。前者は「ヘゲモニー」すなわち支配集団の方針にたいする住民大衆の「自発的」同意の形成が，後者は「直接的支配」あるいは命令が，それぞれなされるところである [112]。かれによれば，ヨーロッパにおける闘争の形態は，1917 年にロシアで勝利をおさめた「機動戦」ではなくて「陣地戦」でなければならなかった [113]。ロシアでは国家がすべてであって，市民社会が未成熟であったのにたいして，ヨーロッパでは市民社会が頑丈であったため，国家にたいする機動戦ではなくて市民社会の諸機構における陣地戦をとおしての体制変革が有効だったからである。

［6］国民国家相対化の時代に

　現在，グローバル化によって，国家の擬制性，主権の仮構性がますます明白になっている [114]。けれども，先進資本主義国では，依然として政府の役割がおおきく，権力的に徴収する租税を財源に，福祉国家のサービスをおこなっている。その民主主義の最低限の条件としての多党制は，各政党が大衆化した有権者にサービスのメニューを提供して支持を獲得しようとし，国民を国家権力の顧客としがちである。自主的組織によって強権に対抗する civil society の魅力は，そうした状況から発生しているといえよう。

［7］21 世紀の問題

　現在，ボーダーレスな情報・環境・市場経済の問題にたいして，自主的な組織のグローバルな対応が，先進国首脳会議に対抗して開催されているサミットにおいてみられる [115]。その反面，失業率の増大を背景として，人種主義の組

織も拡大している。

　日本では，自発的結社の伝統が脆弱で，半官的な特殊法人が多数，存在してきた[116]。また，官僚制のみを公共とする伝統が強力で，住民運動をすべて個別的利益としてあつかう気風が残存し，社会契約的前提が欠如している。それを改善するには，1998年に成立した特定非営利活動促進法などをとおして，自主的活動を推進してくことが必要であろう[117]。

おわりに

　すでにみてきたとおり，アメリカ独立革命とフランス革命をへて，デモクラシーを「民主主義」という用法がうまれた。それは，民衆が権力を奪取して，身分制を徹底的に打破する政治運動・思想・イデオロギーを意味する。その後，フランス二月革命やイギリス選挙法改正，ヴァイマル憲法制定や東欧革命をとおして，民主主義が進展した。

　その方法原理に着目すれば，多数決では解決しえない問題にたいして「参加」が機構の内部におさまらなければ「運動」になり「運動」が既成の法律の枠外にあれば「抵抗」になる。こうした「抵抗」を機構のなかにとりこむ努力が重要である。もっとも，機構自体が，そうしたことを拒絶するばあいもある。たとえば，在日米軍立川飛行場の拡張に反対する住民が場内に侵入して起訴された砂川事件について，東京地方裁判所は1959年に，日米安全保障条約にもとづいて米軍の駐留を許容していることが憲法第9条の禁止する戦力の保持に該当し違憲であるとして，被告を無罪とした。けれども，最高裁判所は同年，日米安全保障条約のように高度の政治性を有するものが違憲かどうかの法的判断は，裁判所の司法審査権の範囲外にあるという統治行為論を採用して，原判決を破棄した。

　このように政治権力に不利な憲法を無視し，理屈をつけて，その権力を弁護するのが裁判所の本質であることは[118]，最高裁判所長官が後任に日本の政治・行政・経済制度の「秩序保守派」を起用し，政治による長官人事への介入を阻

止して，司法の防塁を構築しようとすることによって，なお継続しているといえよう[119]。そこでは，司法の「独立」とは，政党政治からの組織的防衛を意味するにすぎない。

　こうした権力にたいしては，蜂起しなければならないけれども「無視という蜂起」「逃げるという蜂起」「独立するという蜂起」が有効かもしれない[120]。それはトクヴィルの重視した「結社」という，政治機構の内部ではなく，外部で民主主義をになう人間を培養するものとなろう。

1）田口富久治『戦後日本政治学史』（東京大学出版会，2001 年）168 頁。

2）福田歓一『近代民主主義とその展望』『福田歓一著作集第 5 巻』（岩波書店，1998 年）135 頁。

3）同上 136 頁。

4）„Die Verfassung des Deutschen Reichs," Art. 151, Abs. 1, herausgegeben von Ernst Rudolf Huber, *Dokumente zur deutschen Verfassungsgeschichte*, Bd. IV, 3. neubearbeitete und verm. Ahfl. (Stuttgart : W. Kohlhammer, 1991), S. 173. 高田敏・初宿正典編訳『ドイツ憲法集』（信山社出版，第 8 版 2020 年）145 頁。

5）Ebenda, Art. 153, Abs. 3, S. 174. 146 頁。

6）福田『近代民主主義とその展望』137 頁。

7）同上 138 頁。

8）同上 139 頁。

9）同上 140 頁。

10）Churchill, [Winston], "Speech on Parliament Bill (November 11, 1947)," *Parliamentary Debates (Hansard) House of Commons Official Report*, 5th ser., Vol. CDXLIV, col. 207.

11）福田『近代民主主義とその展望』141 頁。

12）同上 142 頁。

13）同上 143 頁。

14）同上 144 頁。

15）同上 145 頁。

16）同上 146 頁。

17）同上 147 頁。

18）同上 148 頁。

19)　同上 148-149 頁。

20)　同上 149 頁。

21)　同上 152-153 頁。

22)　同上 155 頁。

23)　同上 159 頁。

24)　同上 160 頁。

25)　"Magna Carta (1215)," Carl Stephenson and Frederick George Marcham ed., *Sources of English Constitutional History : A Selection of Documents from A.D. 600 to the Present* (Holmes Beach, Fla. : Gaunt, 1997), p. 117. 田中英夫訳「マグナ・カルタ」高木八尺・末延三次・宮沢俊義編『人権宣言集』（岩波書店，1957 年）40 頁。

26)　福田『近代民主主義とその展望』161 頁。

27)　同上 162 頁。

28)　同上 163 頁。

29)　同上 165 頁。

30)　同上 166 頁。

31)　同上 167 頁。

32)　同上 169 頁。

33)　同上 170 頁。

34)　同上 176 頁。

35)　同上 178 頁。

36)　Marx, Karl und Friedrich Engels, *Manifest der Kommunistischen Partei,* Institut für Marxismus-Leninismus beim ZK der SED, *Karl Marx Friedrich Engels Werke,* Bd. IV (Berlin : Dietz, 1959), S. 481. 村田陽一訳『共産党宣言』大内兵衛・細川嘉六監訳『マルクス＝エンゲルス全集第 4 巻』（大月書店，1960 年）494 頁。

37)　福田『近代民主主義とその展望』179 頁。

38)　同上 180 頁。

39)　同上 181 頁。

40)　同上 183 頁。

41)　同上 184 頁。

42)　同上 185 頁。

43)　同上 187 頁。

44)　同上 193 頁。

45)　同上 195 頁。

46)　同上 196 頁。

47）同上 197 頁。

48）同上 198 頁。

49）同上 199 頁。

50）同上 200 頁。

51）„Die Verfassung des Deutschen Reichs," Art. 22, Abs. 1, herausgegeben von E. R. Huber, a.a.O., S. 155. 高田・初宿編訳 118 頁。

52）福田『近代民主主義とその展望』203-204 頁。

53）同上 205 頁。

54）同上 207 頁。

55）同上 209 頁。

56）同上 211-212 頁。

57）同上 212 頁。

58）同上 215 頁。

59）同上 217 頁。

60）同上 220 頁。

61）同上 221 頁。

62）同上 222-223 頁。

63）同上 223 頁。

64）同上 224-225 頁。

65）Burke, Edmund, *Speech at the Conclusion of the Poll* (3 November 1774), W. M. Elofson with John A. Woods ed., *The Writings and Speeches of Edmund Burke*, Vol. III (Oxford : Clarendon Press, New York : Oxford University Press, 1996), p. 69. 中野好之訳「ブリストルの選挙人に対しての演説」『バーク政治経済論集：保守主義の精神』（法政大学出版局，2000 年）164-165 頁。

66）福田『近代民主主義とその展望』226 頁。

67）同上 228 頁。

68）同上 228-229 頁。

69）Becker, Carl L., *Modern Democracy* (New Haven : Yale University Press, 1941), p. 87. 石上良平・関嘉彦訳『現代民主主義論』（社会思想研究会出版部，1948 年）118 頁。

70）福田『近代民主主義とその展望』233 頁。

71）同上 235 頁。

72）同上 236 頁。

73）同上 237 頁。

74）同上 239 頁。

75）同上 240 頁。

76）同上 242 頁。

77）同上 243 頁。

78）Tocqueville, Alexis de, *De la démocratie en Amérique II* (1840), *Œuvres II,* édition publiée sous la direction d'André Jardin ([Paris] : Gallimard, 1992), pp. 623-624. 松本礼二訳『アメリカのデモクラシー第 2 巻（上）』（岩波書店，2008 年）192-193 頁。

79）福田『近代民主主義とその展望』244 頁。

80）同上 245 頁。

81）同上 245-247 頁。

82）同上 249 頁。

83）同上 250-251 頁。

84）同上 251-252 頁。

85）同上 252 頁。

86）同上 253 頁。

87）同上 254 頁。

88）同上 257 頁。

89）同上 258-259 頁。

90）同上 261 頁。

91）同上 262 頁。

92）同上 262-263 頁。

93）同上 263 頁。

94）同上 264 頁。

95）同上 265 頁。

96）同上 266 頁。

97）同上 267 頁。

98）同上 272 頁。

99）同上 274-275 頁。

100）福田歓一「最近の civil society 論と政治学史の視点」加藤節編『デモクラシーと国民国家』（岩波書店，2009 年）253 頁。

101）Habermas, Jürgen, *Strukturwandel der Öffentlichkeit : Untersuchungen zu einer Kategorie der bürgerlichen Gesellschaft* (Frankfurt am Main : Suhrkamp, 1990), S. 46. 細谷貞雄・山田正行訳『公共性の構造転換：市民社会の一カテゴリーについての探究』（未来社，第 2 版 1994 年）xxxviii 頁。

102）Cohen, Jean, "Interpreting the Notion of Civil Society," Michael Walzer ed., *Toward a*

Global Civil Society (Providence, R.I. : Berghahun Books, 1995), p. 37. 越智敏夫訳「市民社会概念の解釈」石田淳ほか訳『グローバルな市民社会に向かって』（日本経済評論社，2001 年）46 頁。

103）福田「最近の civil society 論と政治学史の視点」254 頁。

104）Schumpeter, Joseph A., *Capitalism, Socialism, and Democracy*, 3rd ed. (New York : Harper & Brothers, 1950), p. 282. 中山伊知郎・東畑精一訳『資本主義・社会主義・民主主義』（東洋経済新報社，新装版 1995 年）451 頁。

105）福田「最近の civil society 論と政治学史の視点」255 頁。

106）同上 257 頁。

107）Hegel, Georg Wilhelm Friedrich, *Grundlinien der Philosophie des Rechts, oder, Naturrecht und Staatswissenschaft im Grundrisse,* §185, *Werke in zwanzig Bänden,* Bd. VII (Frankfurt am Main : Suhrkamp, 1970), S. 341. 長谷川宏訳『法哲学講義』（作品社，2000 年）368 頁。上妻精・佐藤康邦・山田忠彰訳『法の哲学：自然法と国家学の要綱下巻』（岩波書店，2001 年）354 頁。

108）福田「最近の civil society 論と政治学史の視点」260 頁。

109）同上 262-263 頁。

110）同上 264 頁。

111）Gramsci, Antonio, "Quaderno 12 (1932)," *Quaderni del carcere,* edizione critica dell'Istituto Gramsci ; a cura di Valentino Gerratana, Vol. III (Torino : Giulio Einaudi, 1975), p. 1518. 松田博訳「知識人論ノート」『知識人とヘゲモニー「知識人論ノート」注解：イタリア知識人史・文化史についての覚書』（明石書店，2013 年）20 頁。

112）Ibid., pp. 1518-1519.

113）Id., "Quaderno 7 (1930-1931)," *Quaderni del carcere,* edizione critica dell'Istituto Gramsci ; a cura di Valentino Gerratana, Vol. II (Torino : Giulio Einaudi, 1975), p. 866. 上村忠男訳「政治の分野における機動戦から陣地戦への移行」『新編現代の君主』（筑摩書房，2008 年）206 頁。

114）福田「最近の civil society 論と政治学史の視点」265 頁。

115）同上 267 頁。

116）同上 268 頁。

117）同上 268-269 頁。

118）福島重雄・大出良知・水島朝穂編『長沼事件平賀書簡：35 年目の証言：自衛隊違憲判決と司法の危機』（日本評論社，2009 年）91 頁。

119）新藤宗幸『司法官僚：裁判所の権力者たち』（岩波書店，2009 年）77 頁。

120）坂口恭平『独立国家のつくりかた』（講談社，2012 年）161 頁。

[第3章]
議院内閣制
——大統領制との比較——

はじめに

　イギリスでは，1832年の第1回選挙法改正によって，有権者の激減した選挙区（腐敗選挙区）が廃止され，その分の議席が新興の商工業都市などに配分された。また，選挙資格も拡大し，産業革命によって裕福になった中産階級が政治的発言力を強化した。1867年には第2回選挙法改正がおこなわれ，都市労働者が選挙権を獲得した。それにともなって，1870年に初歩教育法が成立したあと，公立学校が設立されるようになった。

　ウォルタ゠バジョットは1826年にイギリスでうまれた。1846年にロンドン大学を卒業後，1861年から経済誌『エコノミスト』編集長をつとめた。1866年の庶民院議員選挙で落選後，1867年に『イギリス国制論』初版を，1872年に第2版を刊行し，1877年に死去した。本章は主として『イギリス国制論』にもとづいて，議院内閣制の特徴をあきらかにし，それを大統領制と比較するものである。なお，同書については，章末に註記した訳書のほかに，小松春雄訳『イギリス憲政論』辻清明責任編集『バジョット；ラスキ；マッキーヴァー』（中央公論社，1980年）を参照した。

1　内　　閣

　ジョン゠ステュアート゠ミルは「すべての重要な問題について，論ずべきお

おくのことがのこっている」とのべている[1]。バジョットはミルにたいする皮肉をこめて，この文言を『イギリス国制論』冒頭で引用している[2]。そこには，バジョットがイギリス国制の現実を考察しているのにたいして，ミルの著作が「紙上の解説」にすぎないという自負がうかがえる。『イギリス国制論』はミルの『代議政治論』とことなって，以下のとおり君主・内閣・政党について分析している[3]。

バジョットは，イギリス国制にかんする２つの誤解をあげている[4]。第１は，立法・行政・司法の三権が分立しているというものである。第２は，君主制・貴族制・民主制の混合政体であって，それらが相互に抑制均衡しているというものである。それにたいして，バジョットは国制が，民衆の尊敬の念を喚起・保持する「威厳をもった部分」と，国制がそれによって実際に活動・支配する「機能する部分」から構成されているとかんがえた[5]。あらゆる国制は権威を獲得したあと，それを行使しなければならない。換言すれば，ひとびとの忠誠や信頼を獲得したあと，その信従を統治活動に利用しなければならない。君主は「威厳をもった部分」の，首相は「機能する部分」の，それぞれ頂点に位置するものであった[6]。

バジョットによれば，内閣とは，国家の立法部と行政部を連結させる委員会であり，両者を結合するハイフンであり，両者を締結するバックルである[7]。その起源においては立法部に，その機能においては行政部に，それぞれ属する。

議院内閣制とは立法権と行政権を融和・結合させたものであり，大統領制は両者を独立させたものである[8]。バジョットはイギリスの議院内閣制をアメリカ合衆国の大統領制よりもすぐれているとみなした。たとえば，議院内閣制は国民教育をおこなう[9]。すなわち，与党を批判する野党が存在するため，立法院は重要な民衆教育・政治論争の機関となっていた。大統領制のもとでは，立法府が討論をおこなうけれども，形式的なものにすぎなかった[10]。大統領が権力の中枢だからである。また，議院内閣制において，内閣は強力なので，立法府の協力をえて，行政を円滑にするために必要な，いかなる立法もなしうるけれども，大統領は議会から妨害されるかもしれなかった[11]。さらに，議院

内閣制のもとで，国民は突発的な緊急事態のさい，それにふさわしい指導者を選出しうる[12]。けれども，大統領を任期中にやめさせることはできないため，弾力的に対応することができなかった[13]。

2　君主の効用

バジョットは1851年にパリでルイ゠ナポレオンのクーデタを目撃し，フランスにおける民衆の精神状態にてらして，これを支持した[14]。クーデタ直前の第二共和政にたいする民衆の信用度がきわめて低下していたため，政治秩序を創出して，統治にたいする信用を回復することが喫緊の課題であるとかんがえたからである[15]。

君主制が強固な統治形態である最大の理由は，それがわかりやすいということである[16]。フランス国民は「わかる方法で支配されたいか。それともわからない方法で支配されたいか」すなわち「ルイ゠ナポレオンに支配されたいか。それとも議会に支配されたいか」と質問されたとき「想像にうかべることのできる1名の人間に支配されたい。想像にうかべることのできない多数の人間に支配されたくない」と回答した。ルイ゠ナポレオンの勝利は「わかりやすさ」の勝利であった[17]。

バジョットはイギリス君主制の特徴として，下記の5点を指摘する。第1は，君主制が広範な国民感情にうったえるために強固であるということである[18]。それは共和制が理性にうったえるために弱体であるのと対照的である。人間の感情はつよく，理性はよわいからである。第2は，宗教的な力によって政府を補強していることである。大多数の臣民が認識するところによれば，女王は「神の恩寵」によって統治し，かれらはかの女に服従する神秘的な義務を有していた[19]。君主制はこうした膨大な国民大衆の安易な服従心を動員することによって，国制全体を強化していた[20]。第3は，君主がイギリス社会の頂点にあって，外国の使臣を，ときには外国の王族を接受してパーティを開催しているため，首相がそうしたことをおこなわないですむということであ

る[21]。第 4 は，イギリス人が君主を道徳の指導者とみなしていることである[22]。第 5 は，立憲君主が独特の機能を演じていること，すなわち世襲君主のもつ伝統の力が政治を安定させるということである[23]。

3　君主の職務

　イギリス国制の俗説において，君主にかんする 2 つの誤謬がみられた[24]。第 1 は，君主を貴族院・庶民院と同列の権威とするものであるけれども，君主は立法上の拒否権を有しなかった。第 2 は，君主を行政の主体とするものであるけれども，それは首相であった。

　君主の権限は不明確であった[25]。バジョットによれば，その秘匿性は，イギリスの君主制が効用を発揮するために必要なものであった。君主は尊敬されなければならない。しかるに，君主について詮索すると，尊敬しえなくなる。秘密が君主の生命であって「魔法」を白日のもとにさらしてはならなかった。バジョットは，君主に秘密の権限が存在することを肯定的に評価している。イギリスには，既知の役にたつ権力とともに，威厳のある未知の権力も必要であった。なお，福沢諭吉は 1882（明治 15）年に出版した『帝室論』のなかで，こうしたバジョットの主張を念頭において「帝室は万世無欠の全璧」にして「人心収攬の一大中心」であって，日本の人民が「玉璧の明光」にてらされて，その中心に輻輳し，国内の社会秩序を維持して，国の独立を確固としたものとするためには「玉宝に触る可らず，其の中心を動揺す可らず」でなければならないのであって，官権民権の抗争は「小児の戯」にすぎないとのべている[26]。

　バジョットは代議政治の過程を①内閣が任命されるとき，②内閣が継続しているとき，③内閣が総辞職するときに区分する[27]。①内閣が任命されるときの君主の職務は，多数党の承認する指導者を首相にすることである。②内閣継続中の君主の任務は，大臣・内閣を監督することである[28]。また，君主は政府の重要な行為について，事前に報告をうける[29]。そうした報告をうけなかったばあい，不満をのべることができる。③内閣瓦解時における君主の枢要な

権限は，庶民院解散権と新貴族任命権である[30]。

4 貴 族 院

　バジョットは貴族院の長所として，貴族が社交によって籠絡され堕落することがないことをあげている[31]。かれらは選挙区をもたないので，それに追従する必要がない。また，公平・冷静な判断をすることができる。閑暇があるためである。さらに，政治だけがかれらの職業らしい職業であり，それに没頭することができる[32]。

　貴族院の短所の第1は，活気がないことである。下院は熱意のある，上院は熱意のない，政治家の議院であった。第2は，富裕な地主階級から構成されていることである[33]。かれらは法案を修正するさいに，自己の階級の利益や支配的な感情や伝統的な観念にしたがう。第3は，世襲議員からなりたっているため，非凡な人物がすくないことである[34]。第4は，金銭的に苦労せずに教育をうけて，競争する経験がないため，ビジネスをほとんどしらないことである[35]。しかし，外交のみは得意である[36]。大使は外国の宮廷や君主のなかで自国の君主を代表しなければならず，貴族階級はそうした仕事に好適である。社交生活ではなやかな役割を演じるよう訓練されているからである。

5 庶 民 院

　庶民院の機能は5つある。第1は選出機能，すなわち行政府の長を選出することである[37]。第2は表明機能，すなわち上程されるあらゆる問題について，国民の意見を表明することである[38]。第3は教育機能である[39]。名士からなる公開の大規模な会議を衆人環視のなかで開催することは，社会に深甚な影響をあたえる。第4は報道機能，すなわち悪政による困苦や不満を主権者たる国民に報告することである。第5は立法機能である[40]。

　バジョットは当時有力だった2つの選挙制度構想を，議会政治を不可能に

するものとして批判している[41]。第1は極端な民主主義理論，すなわち21歳以上のすべての男性に平等な選挙権を付与するものである。それが実現すれば，農村では牧師や地主が全農業労働者を投票場にいかせて，地主代表を選出させるであろう[42]。都市からは一般労働者の代表と，労働者階級の似非代表すなわち居酒屋代表議員が選出されるであろう[43]。大都市の選挙運動では，居酒屋を中心に違法な買収・誘導がおこなわれていた。地主代表は地方の治安判事の偏見を，一般労働者の代表は職工の偏見を，それぞれ有する。双方がたがいに相手を理解しえないなかで，居酒屋代表議員がおおきな影響力をもつようになろう。議会政治が可能なのは，議員の圧倒的多数が節度をたもち，その意見にいちじるしい相違がなく，階級的偏見をもたないばあいだけである。したがって，極端に民主的な国会は，議会政治を維持することができなかった。

　バジョットが批判した第2の選挙制度構想は，トマス゠ヘアの提案した単記移譲式比例代表制である。これを称賛したミルの『代議政治論』によれば，その要諦は，投票者数を議席数でわって当選に必要な最低票数を確定し，その票数をどの選挙区からあつめたにせよ獲得した候補者が当選するというしくみで，有権者は当選させたい候補者に順位をつけて投票し，さきに当選させたい候補者が当選に必要な最低票数に達しないか，自分が投票しなくてもそれに達しうるならば，その票をつぎに当選させたい候補者にまわすことができるというものである[44]。ミルはこの制度をとおして，階級利益にとらわれない少数者の当選を期待した[45]。しかし，バジョットの予測によると，それを導入すれば，票の移譲等にかんして，党の選挙参謀が命令することになろう[46]。そうして当選した政治家は党の委員会によって選出・束縛され，党の圧制に黙従しなければならない[47]。すると，庶民院は全イギリス内の「主義」をそれぞれ代弁する自我のつよい偏狭な議員から構成される。それは院外の独立と院内の節度ある言動という，議会政治が存立するための最低条件を充足するものではなかった[48]。

　バジョットは労働者階級に十分な代表権をみとめていないことを，議会代表制の欠陥とみなさなかった[49]。労働者階級は世論の形成にあまり貢献してい

ないので，かれらが院内に代表をおくっていなくても，国会と世論の一致に支
障をきたしていなかったからである[50]。もっとも，当時は都市の職工のなか
に独特の知的雰囲気が生じていた[51]。かれらは他者のしらないことをしって
いて，国会と自分たちの見解がことなっていると信じていた。こうした状況に
おいて，バジョットはかれらにも自己の意見を表明することを許容すべきであ
って，かれらの代弁者の言説をも傾聴すべきであるとのべている。

6　内閣の更迭

　内閣の更迭とは，全閣僚が一斉に退陣すること，すなわち行政府全体が交代
することである[52]。その主要な弊害として，下記の3点が指摘される。第1は，
未経験の新人に政策の指導を託さなければならないことである。第2は，無
知な新任大臣が出現するだけでなく，現職大臣も仕事にたいして無関心ですご
すようになることである[53]。かれらは不可抗力ともいうべき事件，自分の責
任によらない過失，世論の変化によって，任務を途中で放棄せざるをえなくな
る可能性があるため，職務にたいして関心をもつことができない。第3は，
大臣の急激な更迭によって，有害な政策の変化が生じやすいことである[54]。
しかるに，バジョットによれば，大臣の更迭は，議会政治にとって必要なもの
であった[55]。内閣と多数党を連結する議員兼職大臣を任命することは，官庁
にたいする国会の横暴を阻止する[56]。すなわち議員兼職大臣は，おせっかい
にして気まぐれな議院や国民から省を保護して，政策の一貫性を保障する。も
っとも，官庁は機械的に仕事をし，利己的になり，自己の勢力増強に専念する
ようになりがちである[57]。外部から着任する大臣は，このような誤謬を是正
するのに適していた。

　バジョットは議院内閣制を，有能な素人の大臣をすえて官庁の形式主義を是
正・除去していると評価する[58]。それと大統領制・世襲君主制・独裁あるい
は革命政府を比較すると，まず，大統領制は大統領が政権を掌握するたびに全
官吏階級が交代するため，すぐれた官僚組織が存在しない。つぎに，世襲君主

制のもとで，世襲君主は暗愚で，女性に操縦され，幼稚な動機から大臣を任命
し，気まぐれから解任することがありうる[59]。最後に，独裁あるいは革命政
府は，絶対権力をもった主権者が反乱によって選出される政治形態である。た
とえばナポレオン1世やナポレオン3世の統治であり，能率のよい行政がお
こなわれるのは，独裁者の生存中だけであった[60]。

7　いわゆる「抑制と均衡」

　トマス゠ホッブズがのべるように，いかなる国家も問題を処理するさい，最
高権威すなわち決定権がどこかに存在していなければならない[61]。政府には，
2種類がある。第1は，あらゆる問題について，最高決定権が同一なものであ
る[62]。第2は，それぞれの問題に応じて，最高権力がことなるものであ
る[63]。前者の例はイギリスであり，後者はアメリカである。アメリカ人は憲
法を制定するさいにイギリス国制を模倣したとかんがえたけれども，バジョッ
トによれば，イギリス国制は「抑制と均衡」を主眼とするものではなかった。

　アメリカでは，奴隷制度などの重大な政治問題の管轄を中央政府（連邦政府）
ではなくて地方政府（州政府）としている。また，議会が立法権を，大統領が
行政権を，それぞれ保持する[64]。さらに，外交政策の最高決定権は上院にあ
る[65]。アメリカ憲法制定者の主要な思想は，どこにも主権をおかないことに
あった[66]。主権によって暴政が生じることをおそれたためである。すなわち
アメリカ独立革命時のイギリス国王ジョージ3世のような暴君をつくらない
ようにするためであった。その結果，南北戦争など歴史の危機的段階において，
迅速に対処する決定権が存在しなかった。換言すれば，主権を分裂させた結果，
主権不在になった[67]。

　アメリカは複合的統治型であり，主権をおおくの団体や機関に分割してい
る。それにたいして，イギリスは単一統治型であり，あらゆる問題について最
高権力を同一のひとびとが掌握している。

　イギリス国制上の最高権威は庶民院である。すなわち，庶民院だけが行政府

を任命・罷免する。英国の国制における長所は権力が統一されていること，すなわち主権が単一であり，よく機能して，強固なことである[68]。その主因は「国民の議院」に行政府の選任をゆだねていることにある。副因は，国制の「安全弁」と「調整器」にあった。国制の「安全弁」とは，行政府の首班が第二院の新議員を選任することによって，その抵抗を打破しうることである。

　国制の「調整器」とは，行政府の首班に託された解散権である[69]。それは，主権者たる庶民院にたいする唯一の制約である。バジョットは庶民院議員の欠点として，①気まぐれ，②党派心，③利己心をあげている。①を阻止するのに最適なのは，首相である[70]。かれは自分の内閣を維持するための解散権を有効・適切に行使する可能性がたかい。②③を阻止するのに最良なのは，国会と無関係であって，それを超越している権威すなわち立憲君主であった[71]。しかし，重大な局面においては，首相や国会のほうが君主よりも賢明である公算がおおきい[72]。したがって，君主は，内閣が国会の信任をうけているばあい，内閣の進退について，国会の判断にしたがうであろう[73]。

　国制の「安全弁」とは，君主が新貴族を創出していることである[74]。もっとも，その権限を実際に掌握しているのは首相であった[75]。貴族院が首相に敵意をいだいているばあい，首相は新議員を追加して，首相の代弁する世論と調和させることができた。

8　議院内閣制の必要条件と，そのイギリス的特殊形態

　議院内閣制の存立に必要な条件は優秀な立法府，すなわち有能な行政府を選出しうる立法府が存在していることである[76]。すぐれた国会議員をえらぶことができるのは，大多数が賢明であって安楽に生活している国民である[77]。正直者が困窮せず，教育が普及し，かなりの政治的判断をなしうるところでは，国民の大多数が容易にすぐれた立法府を選出することが可能である。そうした国民は，たとえばニューイングランド諸州に存在する[78]。平等主義の政治体制，すなわちすべてのものが一人一票の投票権を行使する政治体制において，社会

に健全な教育がおこなわれ，知識が普及しているばあい，議院内閣制は成立す
る可能性がある[79]。選挙することのできる国民が存在し，選任することので
きる国会が存在するからである。

　しかるに，国民の大多数が選挙する能力をもたなくても，尊敬心を有してい
れば，議院内閣制の成立する可能性がある[80]。イギリス国民の大多数は，社
会の「演劇的な見世物」に敬意をはらっている。かれらは面前を華麗な行列が，
すなわち威儀をただした名士やきらびやかな美女が通過して，富や享楽のすば
らしい景観が展開すると，威圧され，想像の世界で屈服する[81]。宮廷や貴族
階級は，大衆を支配するための偉大な資格を具備している[82]。すなわち大衆
の注目をひいて，ほかのもののできないことをおこなうことができる。この「演
劇」の頂点にいるのが女王である。何人も，自分の家が宮廷とちがって，自分
と女王の生活がおなじでないことをしっている。この社会の壮麗な見世物によ
って，無数の無知な男女は，少数の形式上の選挙民に服従するようになる。こ
のように尊敬心を有するひとびとが構成する社会は，最下層階級が賢明でなく
ても，議院内閣制に適合している[83]。すぐれた政治をおこなうために，最上
層階級が統治することができるからである。かれらは下層階級よりも政治能力
がすぐれていた。労働生活をし，不完全な教育をうけ，単調な職業にたずさわ
り，頭脳よりも手を使用することがおおい経歴のひとびとには，柔軟性のある
思想や実用的な判断を期待することができない。しかるに，余暇があり，多年
にわたって教養をつんで，多種多様な経験をかさね，つねに判断し，その判断
をたえず進歩させるような生活をおくるものは，すぐれていた。

9 国制の歴史と成果

　バジョットは，イギリス国制の歴史を3期に区分している[84]。第1期は，
テューダー朝の開始（1485年）前である。この時代には，1215年の大憲章（マ
グナ = カルタ）にみられるように，君主が国民の援助を必要としていたため，
なにをおこなうにも事前に国会に諮問しなければならなかった[85]。第2期は，

テューダー朝の開始後から 1688 年までである[86]。それは国会が漸進的に優位を獲得した時代である。ジェイムズ 2 世（在位 1685–1688 年）が絶対王政を復活させようとしたため，1688 年にトーリ党とホイッグ党はオランダにいたジェイムズ 2 世の長女夫妻を招請し，ジェイムズ 2 世は亡命した。1689 年にジェイムズ 2 世の長女夫妻は国会のまとめた権利の宣言をうけいれて，ウィリアム 3 世・メアリ 2 世として王位についた（名誉革命）。権利の宣言は権利の章典として制定され，国会主権にもとづく立憲王政が確立した。イギリス国制史の第 3 期は，名誉革命後に国会の支配権の行使方法が変容した時期である[87]。1721 年にホイッグ党のロバート゠ウォルポールがイギリスの初代首相に就任したあと，内閣が国王ではなくて国会に責任をおう責任内閣制が形成された。

　このようにイギリスは，君主制の付随的制度が変化して，本質的に共和制となった[88]。そうした歴史は，イギリス人の自由が行政府にたいする幾世紀にもわたる抵抗の所産であるという国民感情をうみだした[89]。したがって，行政府にたいする反感を強調したいものは，君主の大権に警戒するよう指示する。にもかかわらず，イギリスには二重政府が存在した[90]。すなわち女王の形式的な大権と，ダウニング゠ストリートの真の政府が共存していた。バジョットによれば，それはイギリスのような国家に適合するものであった。

10　『イギリス国制論』初版刊行後の推移

［1］第 2 回選挙法改正

　バジョットは『イギリス国制論』第 2 版を 1872 年に公刊した。初版の考察対象は 1865 年から 1866 年までのイギリス国制であった[91]。その後，1867 年におこなわれた第 2 回選挙法改正は，熟練労働者だけでなく未熟練労働者にも選挙権を付与した[92]。貧者が投票権を行使するときに「貧者の天国」を創出しようとすれば，すなわち階級利益のみを追求しようとすれば，全国民が不幸になるであろう[93]。そうならないように民衆を指導して，民衆から指導

されないようにすることが，指導的政治家の義務であった[94]。

バジョットは，イギリスの二大政党が労働者の支持をもとめて競争することを懸念した。労働者を扇動することによって，かれらが一階級として団結するおそれがあった[95]。バジョットによれば，下層階級の政治的団結は最大の悪であった。かれらが団結を継続して支配権を掌握すれば，教養にたいする無知の支配と，知識にたいする数の支配がうまれるであろう。

第1回選挙法改正と第2回選挙法改正によって，政界では中産階級出身者が増大し，貴族階級出身者が減少した[96]。その結果，庶民院は金権階級を，貴族院は貴族階級を，それぞれ代表している[97]。教養のない大衆の支配を防止・減殺するためには，両院が反目しあうことを回避しなければならなかった。イギリスでは，家系や地位の点でおとっているものが，由緒ある家族や貴族の称号をもった家族を無条件に尊敬している[98]。前者が後者に従順であることをたくみに利用すれば，政治的にもっとも有益となろう。それを無視したり拒否したりすれば，もっとも愚劣となろう。

［2］イギリスの議院内閣制とフランス・アメリカの大統領制の比較

イギリスの君主は大権によって領土内の政府の全行為をとりけし，邪悪な戦争や和平によって国民に屈辱をあたえ，軍隊を解体して国民を無防備にすることができる[99]。しかし，君主がそのような行動を実際にするおそれはなかった。大権が抑制されているからである。すなわち立法府の議員が明白な国益に公然と反対すれば，国民から「懲罰」をくわえられて落選するので，上記のような君主の行動に賛成しないからである[100]。

フランスでは1870年にナポレオン3世がプロイセン＝フランス（普仏）戦争に敗北すると，パリで蜂起が発生し，第二帝政が崩壊した。1871年には，労働者などの民衆を中心とする世界史上最初の自治政府パリ＝コミューンがうまれたけれども，それを打倒したアドルフ＝ティエールが第三共和政の初代大統領に就任した。この大統領は，議会が任命・解任するものであった[101]。1848年の二月革命によって第二共和政が誕生したあと，同年4月に男性普通

選挙制にもとづいて成立した議会は，きわめて無秩序で，重要問題をおちつい
て討論することができないものであった[102]。1871 年の議会も同様であり，
ときどき極度に紛糾していた。こうした議会が選出した政府は，統治するのが
困難であった。主権者たる議会が不安定で，気まぐれで，不穏であったからで
ある。議会にたいする国民の抑制も皆無か少数であった。選挙民の知性・教養
が非常に不足していたからである。したがって，フランスの国制は，他国が模
倣すべきものではなかった[103]。

　議院内閣制は，民衆が国会を通じて，かれらの希望どおりに行動する政府を
つくることができる[104]。けれども，大統領制は，そうでなかった。たとえば，
アメリカでは，財政上の業績が一見すると良好にみえる。膨大な歳入超過を確
保・維持しているからである。しかるに，イギリスでは，政府が適度の歳入超
過を維持して，国債償還に充当することを提案したとき，国会は承認しなかっ
た[105]。課税が苛酷だと，選挙民が議員に圧力をかけるからである。アメリカ
では，国民の税負担を軽減して産業を促進することをせず，後世のひとびとに
損害をあたえた[106]。

　討論による政治をおこなう「一等国民」が選択しなければならないのは大統
領制なのか，それとも議院内閣制なのか[107]。バジョットの回答は後者となろう。

おわりに

　議院内閣制は国民のえらんだ議員が首相を，大統領制は国民が議員と大統領
を個別に，それぞれ選出する政治制度である。バジョットによれば，議院内閣
制は立法権と行政権を融和・結合させたものであり，大統領制は両者を独立さ
せたものである。バジョットはイギリスの議院内閣制をアメリカの大統領制よ
りもすぐれているとみなした。たとえば，議院内閣制は国民教育をおこなう。
すなわち，与党を批判する野党が存在するため，立法院は重要な民衆教育・政
治論争の機関となっていた。大統領制のもとでは，立法府が討論をおこなうけ
れども，形式的なものにすぎなかった。大統領が権力の中枢だからである。ま

た，議院内閣制において，内閣は強力なので，立法府の協力をえて，行政を円滑にするために必要な，いかなる立法もなしうるけれども，大統領は議会から妨害されるかもしれなかった。さらに，議院内閣制のもとで，国民は突発的な緊急事態のさい，それにふさわしい指導者を選出しうる。けれども，大統領を任期中にやめさせることはできないため，弾力的に対応することができなかった。

とはいえ，前者が後者よりもおとる点が存在する。その 1 つは，首相のひきいる政府と有権者の距離がとおいことである[108]。大統領が有権者によって直接選出されるのにたいして，首相は議員に支持されたものであるため，首相は有権者よりも政治エリートを重視しているのではないかという疑念が生じやすい。

イギリスでは，二大政党が社会の利益を十分に集約しえなくなると，政治エリートにたいする批判がつよまり，政治不信や第三極への支持が拡大した。二大政党はそうした事態に対応するため，党首を中心とする執行部への集権化をはかった。日本でも，有権者との結束を回復する民主化は，集権化をともなった。すなわち政府内における官邸主導が，自由民主党の小泉純一郎と安倍晋三の政権で顕著になった。それは効率的な政治運営をもたらしたけれども，権力にたいする統制不足をうみだした。後者を是正するには，アメリカ憲法の制定に中心的な役割をはたしたジェイムズ゠マディソンの主張したような権力分立[109]・抑制均衡[110]——マディソンはこうした観念をシャルル゠ルイ゠ドゥ゠モンテスキューから受容した[111]——が不可欠となろう[112]。

1）Mill, John Stuart, *Thoughts on Parliamentary Reform* (1859), John M. Robson ed., *Collected Works of John Stuart Mill*, Vol. XIX (Toronto : University of Toronto Press, London : Routledge & Kegan Paul, 1977), p. 321.

2）Bagehot, Walter, *The English Constitution*, Norman St John-Stevas ed., *The Collected Works of Walter Bagehot*, Vol. V (London : Economist, 1974), p. 203. 遠山隆淑訳『イギリス国制論（上）』（岩波書店，2023 年）15 頁。遠山隆淑『「ビジネス・ジェントルマン」

の政治学：W・バジョットとヴィクトリア時代の代議政治』（風行社，2011 年）208 頁。

3)　山下重一『J. S. ミルの政治思想』（木鐸社，1976 年）212-213 頁。

4)　Bagehot, W., *The English Constitution*, p. 204. 遠山訳『イギリス国制論（上）』16 頁。

5)　*Ibid.*, p. 206. 19 頁。

6)　*Ibid.*, p. 211. 30 頁。

7)　*Ibid.*, p. 212. 32 頁。

8)　*Ibid.*, p. 214. 35 頁。

9)　*Ibid.*, p. 216. 39 頁。

10)　*Ibid.*, p. 217. 42 頁。

11)　*Ibid.*, p. 218. 45 頁。

12)　*Ibid.*, p. 222. 52 頁。

13)　*Ibid.*, p. 223. 54 頁。

14)　Do., "The Dictatorship of Louis Napoleon (January 8, 1852)," Norman St John-Stevas ed., *The Collected Works of Walter Bagehot*, Vol. IV (London : Economist, 1968), p. 31. 遠山隆淑「不信のシステム：バジョットのフランス第二帝政論」『法政研究』第 85 巻第 3・4 号（2019 年）564 頁。

15)　同上 567 頁。

16)　Bagehot, W., *The English Constitution*, p. 226. 遠山訳『イギリス国制論（上）』59 頁。

17)　添谷育志『近現代英国思想研究，およびその他のエッセイ』（風行社，2015 年）142 頁。

18)　Bagehot, W., *The English Constitution*, p. 230. 遠山訳『イギリス国制論（上）』67 頁。

19)　*Ibid.*, p. 232. 72 頁。

20)　*Ibid.*, p. 233. 74 頁。

21)　*Ibid.*, p. 234. 76 頁。

22)　*Ibid.*, p. 239. 86 頁。

23)　*Ibid.*, p. 240. 88-89 頁。

24)　*Ibid.*, p. 242. 93 頁。

25)　*Ibid.*, p. 243. 96 頁。

26)　福沢諭吉『帝室論』慶應義塾編『福沢諭吉全集第 5 巻』（岩波書店，再版 1970 年）279 頁。安西敏三「福沢諭吉における W・バジョット問題」川本皓嗣・松村昌家編『ヴィクトリア朝英国と東アジア』（思文閣出版，2006 年）217 頁。

27)　Bagehot, W., *The English Constitution*, p. 246. 遠山訳『イギリス国制論（上）』102 頁。

28)　*Ibid.*, pp. 252-253. 116-117 頁。

29)　*Ibid.*, p. 253. 117 頁。

30)　*Ibid.*, p. 261. 136 頁。

31）*Ibid.*, p. 276. 170 頁。

32）*Ibid.*, p. 277. 171 頁。

33）*Ibid.*, p. 278. 175 頁。

34）*Ibid.*, p. 279. 177 頁。

35）*Ibid.*, pp. 280-281. 180-182 頁。

36）*Ibid.*, p. 281. 182 頁。

37）*Ibid.*, p. 288. 198 頁。

38）*Ibid.*, pp. 289-290. 201 頁。

39）*Ibid.*, p. 290. 202 頁。

40）*Ibid.*, p. 291. 204 頁。

41）*Ibid.*, p. 298. 221 頁。

42）*Ibid.*, pp. 298-299. 222 頁。

43）*Ibid.*, p. 299. 223 頁。

44）Mill, J. S., *Considerations on Representative Government* (1861), J. M. Robson ed., *Collected Works of John Stuart Mill*, Vol. XIX, pp. 453-454. 関口正司訳『代議制統治論』（岩波書店，2019 年）129-131 頁。

45）山下前掲書 214 頁。

46）Bagehot, W., *The English Constitution,* p. 303. 遠山訳『イギリス国制論（上）』233 頁。

47）*Ibid.*, p. 304. 234 頁。

48）*Ibid.*, p. 305. 238 頁。

49）*Ibid.*, pp. 310-311. 250 頁。

50）*Ibid.*, p. 311.

51）*Ibid.*, p. 315. 261 頁。

52）*Ibid.*, p. 317. 遠山隆淑訳『イギリス国制論（下）』（岩波書店，2023 年）13 頁。

53）*Ibid.*, p. 318. 16 頁。

54）*Ibid.*, pp. 318-319. 17 頁。

55）*Ibid.*, p. 319. 18 頁。

56）*Ibid.*, p. 324. 29 頁。

57）*Ibid.*, p. 331. 45 頁。

58）*Ibid.*, p. 333. 50 頁。

59）*Ibid.*, p. 334. 52 頁。

60）*Ibid.*, pp. 334-335. 53-55 頁。

61）*Ibid.*, p. 344. 76 頁。

62）*Ibid.*, pp. 344-345. 77 頁。

63) *Ibid.*, p. 345.

64) *Ibid.*, p. 346. 80 頁。

65) *Ibid.*, p. 347. 81 頁。

66) *Ibid.*, p. 348. 84 頁。

67) *Ibid.*, p. 349. 86 頁。

68) *Ibid.*, p. 350. 89 頁。

69) *Ibid.*, p. 351. 90 頁。

70) *Ibid.*, p. 352. 92 頁。

71) *Ibid.*, pp. 352-353. 93-95 頁。

72) *Ibid.*, pp. 356-357. 104 頁。

73) *Ibid.*, p. 358. 106 頁。

74) *Ibid.*, p. 359. 108-109 頁。

75) *Ibid.*, p. 360. 111 頁。

76) *Ibid.*, p. 372. 132 頁。

77) *Ibid.*, p. 375. 137 頁。

78) *Ibid.*, p. 376. 138 頁。

79) *Ibid.*, p. 377. 141 頁。

80) *Ibid.*, p. 378.

81) *Ibid.*, pp. 378-379. 143 頁。

82) *Ibid.*, p. 379. 143-144 頁。

83) *Ibid.*, p. 380. 147 頁。

84) *Ibid.*, p. 387. 159 頁。

85) *Ibid.*, p. 389. 164 頁。

86) *Ibid.*, p. 390. 165 頁。

87) *Ibid.*, p. 391. 170 頁。

88) *Ibid.*, p. 392. 171 頁。

89) *Ibid.*, p. 393. 173 頁。

90) *Ibid.*, p. 396. 180 頁。

91) *Ibid.*, p. 165. 182 頁。

92) *Ibid.*, p. 169. 191 頁。

93) *Ibid.*, p. 172. 198 頁。

94) *Ibid.*, p. 173. 199 頁。

95) *Ibid.*, p. 174. 201 頁。

96) *Ibid.*, p. 175. 205 頁。

97) *Ibid.*, p. 177. 209 頁。

98) *Ibid.*, p. 178. 210-211 頁。

99) *Ibid.*, p. 182. 220-221 頁。

100) *Ibid.*, p. 185. 226 頁。

101) *Ibid.*, p. 190. 238 頁。

102) *Ibid.*, p. 191. 240 頁。

103) *Ibid.*, p. 193. 245 頁。

104) *Ibid.*, p. 195. 249 頁。

105) *Ibid.*, p. 196. 252 頁。

106) *Ibid.*, p. 197. 254 頁。

107) *Ibid.*, p. 202. 263-264 頁。

108) 高安健将『議院内閣制：変貌する英国モデル』（中央公論新社，2018 年）32 頁。

109) Madison, James, "The Federalist No. 47 (January 30, 1788)," Alexander Hamilton, James Madison, and John Jay, *The Federalist,* Terence Ball ed., *The Federalist with Letters of "Brutus"* (Cambridge, U.K. : Cambridge University Press, 2003), pp. 234-240. 齋藤眞・武則忠見訳『ザ・フェデラリスト』（福村出版，1991 年）234-240 頁。

110) Do., "The Federalist No. 51 (February 6, 1788)," *ibid.,* pp. 251-255. 253-257 頁。

111) 佐竹寛『モンテスキュー政治思想研究：政治的自由理念と自然史的政治理論の必然的諸関係』（中央大学出版部，1995 年）333-339 頁。

112) 高安前掲書 260-274 頁。

国家と社会

[第**4**章]

福祉国家

はじめに

　イギリスは産業革命後に「世界の工場」となり，産業資本家に有利な自由貿易政策を採用した。たとえば，地主や農業家の意向に即して，国産穀物の価格が下落するのを防止するために，輸入穀物に高関税を課した穀物法が存在したけれども，リチャード゠コブデンやジョン゠ブライトが綿工業の中心地であるマンチェスタに本部をおく反穀物法同盟の運動を指導した結果，1846年に同法は廃止された。かれらをはじめとするマンチェスタ学派のひとびとは，自由貿易と国際平和を唱道した。

　「世界の工場」として繁栄していたイギリスは1851年にロンドン万国博覧会を開催し，自国の工業力の成果を誇示した。ひとびとのゆたかな生活は政治の安定をもたらし，第2回選挙法改正後には，自由党と保守党のうち総選挙で勝利したほうが政権を担当する政党政治が成立していく。

　しかし，1873年から不況が長期化した。多数の国民が海外の植民地を重視するなかで，帝国の重要性を強調したジョウゼフ゠チェンバレンは自由党の庶民院議員であったけれども，1886年に同党のウィリアム゠ユーアト゠グラッドストンが提出したアイルランド自治法案に反対して自由統一党を結成し，自由党を分裂させた。同年の総選挙で保守党が大勝したあと，チェンバレンは1895年に植民相として保守党内閣に加入し，国内の社会問題を解決するために植民地が必要であるという根拠にもとづいて，南アフリカ戦争（1899–1902年）をおこした。この戦争に勝利したイギリスは，金とダイヤモンドを産出す

る南アフリカのブール人（オランダから入植した移民の子孫）国家の領有権を獲得した。

　1900年には社会主義団体と労働組合が労働者のための政党をもとめて労働代表委員会を結成した。1905年にはヘンリ゠キャンベル゠バナマン自由党内閣が成立した。同党は1906年の総選挙で大勝し、選挙協定を締結した労働代表委員会は29議席を獲得して労働党と改称した。キャンベル゠バナマン自由党内閣は労働党の協力をえて社会改革を推進し、1908年から後継したハーバート゠ヘンリ゠アスキス自由党内閣は、1911年に疾病保険法と失業保険法からなる国民保険法を制定した。

　1914年に同内閣は、アイルランド自治法を成立させたけれども、第一次世界大戦の勃発を理由として、同法の実施を延期した。その後、1922年には北アイルランドをのぞくアイルランド自由国が自治領となった。1937年にはイギリス連邦から離脱してエールと、1949年にはアイルランドと称した。

　レナード゠トレローニ゠ホブハウスは1864年にイギリスでうまれた。1887年にオックスフォード大学を卒業したあと、学究生活をつづける。1897年に『マンチェスタ゠ガーディアン』紙の論説委員となって労働運動を支援し、南アフリカ戦争におけるイギリスの帝国主義的な外交政策を批判した。1907年にロンドン大学社会学教授となり、1911年に『自由主義』を出版した。1929年にフランスで死去した[1]。本章は主としてホブハウスの『自由主義』に焦点をあてて、現代福祉国家の特質を解明するものである。

1 自由主義以前

　かつて世界の歴史において、2つの形態の社会組織が存在した[2]。すなわち小規模な血族関係集団と、黒人の小王国から中華帝国までの大規模な社会である。後者においては、権威主義的な支配がおこなわれた。

　紀元前8世紀の古代ギリシアにおいて、都市国家というあらたな類型の社会組織がうまれた。その基礎は血族関係ではなくて市民的権利におかれてい

た[3]。その法律は政府が大衆におしつける命令ではなくて，自由な市民が自発的に支持するものであった。各都市国家は自治に固執したため，連邦主義を導入したけれども[4]，前4世紀にマケドニアに征服された。

　古代ローマでは，軍事力に依拠して，官僚機構のもつ効率性により平和と秩序を維持する専制という土台のうえに，帝国を構築した。しかし，軍事的な内部紛争が帝国の解体を加速した。すなわち多数の軍人と官僚をささえるための重税が属州の反乱をまねき，帝国は4世紀に分裂し，5世紀には西ローマ帝国が滅亡した。

　西ヨーロッパの大部分の住民は征服によって，あるいは騒乱の時代に守護者をみつける必要によって，自由を喪失した[5]。そこから封建社会が成立した。それは階層秩序の形態をとり，権威の原理を適用するものであった。そこでは，いかなる人間も主人を有する。たとえば農奴を支配していたのは，土地をあたえる領主であった。中世の都市は領主の保護と支配をうけていたけれども，商業が成長すると自治を要求するようになり，領主か国王から特許状をえて自治都市となった。その後，文学と芸術の再生，古代学問の再発見，哲学と科学の復活がみられた。

　近世のヨーロッパでは，ローマ＝カトリック教会の普遍的権威が動揺し，国家間の戦争が長期化・大規模化した。各国は軍事費を調達するために，徴税機構を中心に官僚制を整備し，国内の統一的支配を強化して，主権国家を形成した。そこにおける中央集権の発達は，市民的独立の精神と両立しなかった[6]。その権威主義的な秩序にたいする宗教的・政治的・経済的・社会的・倫理的抵抗が，自由主義の起源であった。現代国家は，自由主義的原理の諸要素を採用している[7]。

2　自由主義の諸要素

　自由主義の運動が旧秩序を批判した要点と，その運動を前進させた基礎的な概念は，下記のとおりである[8]。

［1］市民的自由

　自由主義による攻撃の第1の重点は，専制政府におかれていた。そこで確保すべき第1の自由は，法律にしたがって処遇される権利であった。ジョン゠ロックによれば，統治のもとにおける人間の自由とは，その社会におけるすべての人間に共通の，そこで樹立された立法権力が制定した恒常的な規則にしたがって生活することであった[9]。

［2］財政の自由

　ステュアート家は恣意的な課税によって，イギリスに危機をもたらした[10]。すなわち国王ジェイムズ1世が国会を無視して新税を徴収したことなどが，イギリス革命の原因となった。財政問題にかんする国民の自由とは，直接的・継続的な監督によって行政を抑制することを意味する。

［3］個人的自由

　思想の自由は，それをやりとりする自由がなければ，ほとんど無益となる[11]。思想は社会的産物なので，思想の自由にともなって，言論・著述・出版・討論の自由が進展する。

［4］社会的自由

　職業を選択して，それに従事する自由に実効性をもたせるには，就職の機会が平等でなければならない[12]。そのためには，無償教育が必要であった。なお，職業にかんしては，階級的な抑圧だけでなく，性による抑圧も存在する[13]。「女性に道をひらく」ことは「才能に道をひらく」という原理の適用であり，両者を保障するのが自由主義の本質であった。

［5］経済的自由

　かつての産業は，多様な形態の制限的立法や関税に拘束されていた。たとえば，穀物法が存在した。それは一般の消費者を犠牲にして，特定の産業を保護

するものであった。その後，自由主義の運動が，輸入穀物に課された高関税を
打破し，自由貿易政策を実現した。

［6］家庭内の自由

ホブハウスは家庭内の自由として下記の3点をあげている。

① 財産を有し，訴訟当事者となり，自身の判断で業務を遂行し，夫から
の人身保護を十分に享受することにかんして，妻を完全に責任ある個人
とすること[14]。

② 法律にかんして，婚姻を純粋な契約上の根拠に基礎づけること[15]。

③ 子どもの身体的・精神的・道徳的な養育を保障すること。

［7］民族の自由と人種の自由

ホブハウスはアイルランドやインドにおける民族運動などにかんして，強大
な国民に併合された弱小国民が，その結合の当事者双方にとって妥当な，自由
にかんする通常の原理に即した法によって統治されうるばあい，その協定は双
方にとって最善だろうとのべている[16]。なお，かれはアイルランドなど白人
を主体とする植民地の自治能力を承認するけれども，インドの自治にかんして
は，曖昧な態度をとっている[17]。人種問題については，白人が自身の生活を
律することを完全に習得するまで，黒人になにもしないのが最善であるとして
いる[18]。

［8］国際的自由

ホブハウスは国際的自由について，下記のように主張している。

① あらゆる暴政の基礎である武力行使に反対することは，自由主義の本
質である。

② 軍事的な暴政に抵抗するのは，自由主義の実践的必然である。

③ 世界が自由になるにつれて，武力行使は無意味となる。

[9] 政治的自由と人民主権

ホブハウスによれば，制限選挙制が普通選挙制よりも，好適な結果をもたらす可能性があった[19]。重要なのは自由と平等を両立させることであった[20]。

3 理論の運動

自由主義の運動が占有してきた見解と，自由への情熱を表現しようとしてきた理論の第1は，自然的秩序の理論である[21]。それによれば，人間の権利は自然法に依拠しているのにたいして，政府の権利は人間の制度に依拠しているにすぎない[22]。たとえば，ロックはそのようにかんがえた。

自由主義の運動が占有してきた見解と，自由への情熱を表現しようとしてきた理論の第2は，最大幸福原理である[23]。ジェレミ゠ベンサムによれば，人間の権利とは「無秩序の誤謬」にすぎなかった——ベンサムのフランス人権宣言批判は旧著作集において「無秩序の誤謬」という表題で収録されたけれども[24]，編集上の問題が指摘されており，新著作集では「大言壮語のナンセンス」と修正されている[25]。かれによれば「すべてのひとがうまれながらに自由である」というのは「ばかばかしい，みじめなナンセンス」であり，たいていのひとは法律の奴隷としてうまれる[26]。ベンサムは自由や平等をいかに具体的に保障するかという法律問題を重視し，法律とは無関係に自然権として主張される自由の強調が無秩序をもたらすことを懸念した[27]——。かれは最大多数の最大幸福をめざした[28]。その幸福とは快楽の存在，苦痛の不在を意味した。もっとも，ベンサムの理論にも，多数者が少数者の実質的な被害を犠牲にしつつ，自己の利益に固執することによって，暴虐な行動をとりうるという難点があった[29]。

4　自由放任

　コブデンは対外貿易の自由化をめざして，支配階級の利益のために考案された穀物法を廃止した[30]。マンチェスタ学派は外交・内政問題の双方において，政府の機能を制限しようとした[31]。かれらによれば，政府とは秩序を維持し，ひとびとの暴力・詐欺行為を防止し，その人身と財産の安全を保障し，侵害にたいする救済策をひとびとに提供するものにすぎなかった。しかるに，1833年に制定された工場法が年少者の労働時間を制限して，工場にたいする国家の監督権を承認したことや，1847年に改正された同法が繊維工場における女性と年少者の労働時間を最長 10 時間と規定したことなどによって，産業の統制が自由を破壊せず，確固たるものにすることが理解されるようになった[32]。それはあたらしい自由概念の登場と，ふるい前提への抗議を意味した。ふるい前提とは自由放任の理論であり，国家が中立的立場をとると仮定するものである。それによれば，国家は暴力・詐欺行為による不法を抑制し，財産を安全に確保し，ひとびとの契約履行を援助するものにすぎず，これらの条件のもとで，ひとびとはたがいに競争しあう絶対的な自由を有するとされていた。

　ホブハウスは自由を，非社会的なものと社会的なものに区分する[33]。非社会的自由とは，他者の願望あるいは利益を考慮せずに自己の力を行使する人間の権利である[34]。それは相互の接触のなかで生活する個人にとって，理論的に不可能なことであった[35]。社会的自由とは共同社会のすべての成員が享受しうる自由であり，他者にたいする危害をともなわない活動のなかで選択すべき自由である。

　ホブハウスによれば，現代の自由主義は経済的保護に反対し，肉体労働者の保護立法を支持する。前者は穀物法のように，ある特定の産業や利害に味方して他者の不利益を惹起する抑制であり，富裕階級に有利に，貧困階級に不利にはたらくものである。後者は工場法のように，貧困階級の利益のために考案された抑制であり，かれらに実質的な自由を保障するものであった。のぞましい自由とは，他者を犠牲にして獲得した自由ではなくて，ともに生活するすべて

のひとびとが享受しうる自由であった。

　個人主義を個人の自由と平等を維持するものと認識するならば，社会的統制の領域を拡大しなければならない[36]。そのためには，いかなる所有権をも自明のものと仮定してはならない[37]。また，社会的不正や産業上の無秩序に寄与するあらゆる原因を除去し，低賃金で酷使される労働者を救済し，かれらに正当な報酬を適切に保障し，他者を犠牲にして利益を獲得するような経済的優越を抑止しなければならない。

5　グラッドストンとミル

　19世紀中葉以後のイギリス自由主義史における偉人は，グラッドストンとジョン゠ステュアート゠ミルである[38]。かれらはあたらしい観念にたいして活発な，偏見のない精神をもちつづける至高の美徳を有していた。

　グラッドストンは1884年に代表制原理を拡大した。すなわち首相として第3回選挙法改正をおこない，農業労働者に選挙権を付与した。アイルランド土地問題にかんしては，契約の当事者が不平等な関係にあるため，契約の自由を放棄した[39]。すなわちアイルランド人はイギリス人の不在地主にたいする小作人の地位におかれて困窮していたので，1881年にグラッドストンは首相として，地主による強制排除の禁止などによって小作人の権利を保護するアイルランド土地法を制定した。

　ミルによれば，感情・情緒・思想・活動にかんする能力を発揮する場所を発見することは，自分自身を発見することであった[40]。このことは政治についても同様であって，ひとびとが過保護のもとで幸福たりうるならば，慈悲ぶかい専制が理想であるけれども，自分自身の救済に参加すべきならば，共同生活を指揮する仕事を分担しなければならない[41]。ミルはこうした理由で，投票者の無知・無責任を口実とした選挙権の拡大にたいする反対論を批判した。また，経済にかんしては，ひとが自分とその家族のためだけではなくて祖国のために労働することをまなんで，余剰生産物を生産者のあいだで分配する協同的

な社会組織に期待した[42]。ミルは自発的な協同組織を，ひとびとの公共精神を育成する最良の手段とみなした。ミルの社会主義は，実体的には，労働者自主管理型のコミュニティを単位とする分権的市場社会主義であり，過程的には，漸進的・改良的社会主義であり，政治的には，中央指令制と専制を排する民主的社会主義であった[43]。

6　自由主義の核心

　ミルは自己にのみ関係する行為と他者に影響をおよぼす行為を区別した[44]。しかし，ホブハウスによれば，何人も，かれと接触するひとびとの思想・行動・性格に直接あるいは間接に影響をおよぼすかもしれなかった。

　個人と社会の関係についての有機的概念を提示したのは，トマス゠ヒル゠グリーンである[45]。かれによれば，各人の権利は共通善に従属する[46]。共通善とは，各人が分有する善である。各人の分有する善とは感情，愛情，心身の能力を発揮することに存する。それによって，各人は社会生活における自己の役割をはたす。すなわち共通善のなかに自己の善をみいだす。

　このような人格の完成あるいは十全な発展は単独の人間によってではなくて，共同社会の全成員によって可能となる[47]。各人が他者と調和して活動しうる発展の進路がひらかれていなければならない[48]。調和するには，衝突の不在だけでなく，実際の援助を必要とする。したがって，各人が自己を発展させるとともに，他者の発展を積極的に助長する必要があった。こうした国家の積極的概念は人格の自由という原理と衝突せず，それを効果的に実現するために必要なものであった[49]。

　グリーンが 1881 年におこなった講演によれば，自由とは，社会構成員の社会的善に貢献する能力を発展させ行使することである[50]。換言すれば，あらゆるひとびとの能力を共通善に貢献するように平等に解放することである[51]。万人にとっての最高善とは，その能力を平等に発展させることであった。グリーンは労働・教育・健康等に干渉する立法を正当化しうる根拠として，

国家の任務が道徳的な善を直接促進することではなくて，人間の能力の自由な行使を可能にする条件を維持することに存すると指摘し，後者のような国家干渉を適正なものとみなした[52]。

　ホブハウスが指摘した自由主義の核心とは，進歩がたんなる機構の工夫ではなくて，活発な精神力の解放にあるということであった[53]。換言すれば，のぞましい機構とは，このような精神力が支障なくながれて，社会構造に生気をあたえ，精神生活を拡充して高尚にするような水路を供給するものであるということであった。

7　国家と個人

　ホブハウスは国会制定法がひとびとを善良にしうるかどうかという質問にたいして，道徳性は自由な行為者の活動あるいは性格だから，これを強制することはできないけれども，道徳性が発達しうる条件を創造することは可能であり，そのもっとも重要な条件とは，他者による強制からの自由であると回答している[54]。かれは同様の観点から，福祉政策における外的な懲罰に反対した[55]。それが自由すなわち精神的・道徳的な発展の条件を阻害するからである[56]。こうした主張は，シドニ゠ウェッブとビアトリス゠ウェッブにたいする批判を意味した。ウェッブ夫妻は，労働しないひとびとに職業訓練を強制して，それにしたがわなければ「拘留居住地」に移送することを提案していた[57]。

　国家の機能とは，精神と性格がそれ自身で発展する条件を確保することであった[58]。換言すれば，市民が十全な市民としての能力に必要なものをことごとく，自分自身の努力によって入手しうる条件を確保することであって，かれらに食物・家屋・衣服をあたえることではなかった。

　自由貿易時代の初期には，自助が適切な解決策であり，平均的な労働者は分別と倹約を実行することによって，好況時に自活しうるだけでなく，病気・失業・老年にそなえて貯蓄しうるとかんがえられた[59]。しかるに，1886年からチャールズ゠ブースがロンドンで，1899年にシーボウム゠ラウントリがヨー

クで，それぞれおこなった社会調査によって，労働者階級の約3割は，平均
的な家族が最低限の肉体を維持するのに必要な経費に相当する賃金を取得しえ
ていないことが判明した[60]。

　産業における競争制度は「生活賃金」概念に具現化された倫理的要求を充足
せず，健康にして自立した生存の手段をもたらしそうになかった[61]。しかるに，
こうした生存こそが，自由な国家のあらゆる市民のうまれながらの権利であっ
た。

　個人は単独で存立することができず，個人と国家のあいだには互恵的な義務
がある。個人は国家にたいして，自分と家族のための勤労の義務を有する。か
れは自分の子どもの労働を搾取すべきでなく，かれらの教育・健康・清潔およ
び全般的な福祉をもとめる公共の要求にしたがわなければならない。社会は個
人にたいして，文化的な生活水準を維持する手段を提供する義務を有する。

8　経済的自由主義

　ホブハウスは自由主義と無関係な形態の社会主義として，機械的社会主義と
官僚的社会主義をあげる[62]。前者はイギリスのマルクス主義団体である社会
民主連盟の，後者は非マルクス主義的な社会主義団体であるフェビアン協会の，
それぞれ思想を意味する[63]。機械的社会主義は，社会生活と社会発展にかか
わる現象を経済的要因のみに帰する。また，すべての価値が労働にあるとして，
企業の指導力の明確な機能を否定する。さらに，階級闘争を想定するけれども，
現代社会は明白・単純な分裂ではなくて，利害関係の複雑な錯綜をしめしてい
た。機械的社会主義は政府による産業統制という制度を論理にもとづいて構築
したけれども，ユートピアの建設は社会科学の健全な方法でなかった[64]。

　官僚的社会主義は，自由と競争を混同して，前者の理想を蔑視する。また，
人類を無力・脆弱な種族とみなし，温情をもって処遇しなければならないとか
んがえる。それは民主主義とも自由とも無関係な，優越者による生活の組織化
を計画する[65]。この優越者は各人の労働方法のみならず，優生学者の助力を

えて，各人が生存すべきかどうかをも決定する。

　しかるに，自由主義的社会主義は民主主義的でなければならず，自由にもとづいて，人格の抑圧ではなくてその発展に寄与しなければならなかった[66]。換言すれば，経済的自由主義は，社会的要因を強調する抽象的な社会主義と，個人的要因のみを指摘する抽象的な個人主義とことなって，双方の要因を公平に評するものであった[67]。それは個人の権利を共通善の見地から規定し，社会を構成するすべての個人の福祉という見地から共通善を考察する。また，自由と競争を混同せず，ひとが他者を圧倒する権利に価値をみとめない。さらに，生産における個人の創意・才能・活力の役割を適切に評価する。

　19世紀末には，自由放任を基調とする自由主義と，積極的な国家干渉による社会問題の解決を要求する労働運動が対立していた[68]。しかるに，20世紀初頭には，政治的自由主義と労働党の協同が増大した。それは一時的な政治的便宜のためのできごとではなくて，民主主義の必然性にふかく根づいたものであった。

9　自由主義の将来

　ホブハウスは19世紀が自由主義の時代であったけれども，それが世紀末に衰退したと指摘している[69]。自由主義は金権的帝国主義と社会民主主義に挟撃され，麻痺することによって，帝国主義的な反動がすべてを支配した。イギリスがトランスヴァール共和国とオレンジ自由国というブール人国家を侵略したのは，その証左であった[70]。

　南アフリカ戦争の最中であった1901年に，自由党の党首キャンベル＝バナマンは反戦演説をおこなった[71]。ホブハウスによれば，それは自由主義の精神における正義の観念の復権を意味した。1905年にキャンベル＝バナマンが首相になり，1906年に労働党が誕生したあと，社会改良と民主主義的な政治にむかう着実な水流のなかで，自由主義は社会主義との意見交換によって教訓をまなびあってきた[72]。

　自由主義は国民的自治と国際的平等を支持し，通常の帝国主義と対立する [73]。いわゆる「帝国主義者」は植民地の意見を，あるいは外見上の植民地の意見を，本国の支配権と反動的な立法のために巧妙に利用してきた [74]。しかるに，連合王国において，保守党ではない，もっとも進歩的な党派はアイルランド自治を支持して，社会立法を先導している。そうした民主主義同盟の政治的条件を活用することが，自由党の任務であった。

おわりに

　すでにみてきたとおり，19世紀末には，自由放任を基調とする自由主義と，積極的な国家干渉による社会問題の解決を要求する労働運動が対立していた。しかるに，20世紀初頭には，政治的自由主義と労働党の協同が増大した。それは一時的な政治的便宜のためのできごとではなくて，民主主義の必然性にふかく根づいたものであった。これを夜警国家から福祉国家への転換と説明することができよう。

　グリーンは，人間の能力の自由な行使を可能にする条件を維持するための国家干渉を適正なものとみなした。ホブハウスは国家の機能を，精神と性格がそれ自身で発展する条件を確保すること，すなわち市民が十全な市民としての能力に必要なものをことごとく，自分自身の努力によって入手しうる条件を確保することであって，かれらに食物・家屋・衣服をあたえることではないとした。グリーンはイギリス伝統の「自由の精神」を労働者階級台頭の時代状況と接合させて，その思想を構築したと評されるけれども [75]，それはホブハウスにもあてはまるといえよう。第二次世界大戦後のイギリスでは，労働党のクレメント゠アトリー首相が産業の国有化をすすめ「ゆりかごから墓場まで」といわれる広範な福祉政策を実行するとともに，インドの独立を承認するなど，植民地を縮小した。現代福祉国家のありかたを考察するさい，その政策がホブハウスの継承してきた「自由の精神」をそこなうことがないかどうかを，つねにみきわめる必要があろう。

1）石井健司「ホブハウスのニュー・リベラリズム思想」『近畿大学法学』第 48 巻第 2 号（2000
　　年）164-167 頁。

2）Hobhouse, L. T., *Liberalism*, James Meadowcroft ed., *Liberalism and Other Writings*
　　(Cambridge, UK ; New York, NY, USA : Cambridge University Press, 1994), p. 4. 吉崎祥
　　司監訳『自由主義：福祉国家への思想的転換』（大月書店，2010 年）9 頁。

3）*Ibid.*, p. 5. 10 頁。

4）*Ibid.*, p. 6. 11 頁。

5）*Ibid.*, p. 7. 12-13 頁。

6）*Ibid.*, p. 8. 14 頁。

7）*Ibid.*, p. 9. 16 頁。

8）*Ibid.*, p. 10. 17 頁。

9）Locke, John (Peter Laslett ed.), *Two Treatises of Government*, 2nd ed. (London :
　　Cambridge University Press, 1967), bk. II, § 22, p. 302. 加藤節訳『完訳統治二論』（岩波
　　書店，2010 年）320 頁。

10）Hobhouse, L. T., *Liberalism*, p. 12. 吉崎訳 20 頁。

11）*Ibid.*, p. 13. 22 頁。

12）*Ibid.*, p. 15. 25 頁。

13）*Ibid.*, p. 16. 26 頁。

14）*Ibid.*, pp. 18-19. 29 頁。

15）*Ibid.*, p. 19.

16）*Ibid.*, p. 20. 30-31 頁。

17）馬路智仁「越境的空間へ拡がる「福祉」：レオナード・ホブハウスにおける連関的な社
　　会秩序の構想」『社会思想史研究』第 34 号（2010 年）110 頁。

18）Hobhouse, L. T., *Liberalism*, p. 21. 吉崎訳 33 頁。

19）*Ibid.*, p. 22. 34 頁。

20）*Ibid.*, p. 23. 35 頁。

21）*Ibid.*, pp. 25-26. 41 頁。

22）*Ibid.*, p. 26. 42 頁。

23）*Ibid.*, p. 31. 49 頁。

24）Bentham, Jeremy, "Anarchical Fallacies," John Bowring ed., *The Works of Jeremy
　　Bentham*, Vol. II (Edinburgh : William Tait, 1843, Bristol : Thoemmes, 1995), pp. 489-534.

25）Do., "Nonsense upon Stilts," Philip Schofield, Catherine Pease-Watkin and Cyprian
　　Blamires ed., *The Collected Works of Jeremy Bentham. Political Writings* (Oxford :
　　Clarendon Press, New York ; Tokyo : Oxford University Press, 2002), pp. 317-401.

26）*Ibid.*, pp. 323-324. 永井義雄『ベンサム』（研究社，2003 年）219 頁。

27）同上 221 頁。

28）Hobhouse, L. T., *Liberalism,* p. 32. 吉崎訳 51 頁。

29）*Ibid.*, p. 34. 54-55 頁。

30）*Ibid.*, p. 37. 59 頁。

31）*Ibid.*, p. 39. 61 頁。

32）*Ibid.*, p. 42. 66 頁。

33）*Ibid.*, p. 43. 68 頁。

34）*Ibid.*, pp. 43-44.

35）*Ibid.*, p. 44.

36）*Ibid.*, pp. 47-48. 74 頁。

37）*Ibid.*, p. 48.

38）*Ibid.*, p. 49. 77 頁。

39）*Ibid.*, pp. 49-50. 78 頁。

40）*Ibid.*, p. 53. 83 頁。

41）*Ibid.*, p. 54. 84 頁。

42）*Ibid.*, p. 55. 85 頁。

43）馬渡尚憲『J. S. ミルの経済学』（御茶の水書房，1997 年）447 頁。

44）Hobhouse, L. T., *Liberalism,* p. 58. 吉崎訳 92 頁。

45）*Ibid.*, p. 60. 95 頁。

46）*Ibid.*, p. 61. 97 頁。

47）*Ibid.*, pp. 61-62. 98 頁。

48）*Ibid.*, p. 62.

49）*Ibid.*, p. 64. 102 頁。

50）Green, Thomas Hill, *Liberal Legislation and Freedom of Contract,* Peter Nicholson ed., *Collected Works of T. H. Green,* Vol. III (Bristol : Thoemmes Press, 1997), p. 371. 山下重一訳『自由立法と契約の自由』『國學院大學栃木短期大學紀要』第 8 号（1974 年）72 頁。

51）*Ibid.*, p. 372. 73 頁。

52）*Ibid.*, p. 374. 74 頁。若松繁信『イギリス自由主義史研究：T・H・グリーンと知識人政治の季節』（ミネルヴァ書房，1991 年）252 頁。

53）Hobhouse, L. T., *Liberalism,* p. 66. 吉崎訳 104 頁。

54）*Ibid.*, p. 69. 110-111 頁。

55）Do., *Social Evolution and Political Theory* (New York : Columbia University Press, 1911), p. 199. 江里口拓「L. T. ホブハウスの福祉政策論と経済思想：富の社会的要素への

所有権」『西南学院大学経済学論集』第 49 巻第 4 号（2015 年）21 頁。

56）Hobhouse, L. T., *Social Evolution and Political Theory,* p. 200.

57）Webb, Sidney & Beatrice ed., *The Public Organisation of the Labour Market : Being Part Two of the Minority Report of the Poor Law Commission* (London : Longmans, Green, 1909), p. 329. 江里口拓『福祉国家の効率と制御：ウェッブ夫妻の経済思想』（昭和堂，2008 年）141-142 頁。

58）Hobhouse, L. T., *Liberalism,* p. 76. 吉崎訳 121 頁。

59）*Ibid.,* p. 77. 122 頁。

60）*Ibid.,* p. 78. 123 頁。

61）*Ibid.,* p. 79. 124 頁。

62）*Ibid.,* p. 81. 127 頁。

63）Collini, Stefan, *Liberalism and Sociology : L. T. Hobhouse and Political Argument in England, 1880-1914* (Cambridge ; New York : Cambridge University Press, 1979), p. 129. 梅澤佑介『市民の義務としての〈反乱〉：イギリス政治思想史におけるシティズンシップ論の系譜』（慶応義塾大学出版会，2020 年）142-144 頁。

64）Hobhouse, L. T., *Liberalism,* p. 82. 吉崎訳 128 頁。

65）*Ibid.,* p. 83. 130 頁。

66）*Ibid.,* pp. 83-84. 131 頁。

67）*Ibid.,* p. 101. 157 頁。

68）*Ibid.,* p. 102. 158 頁。

69）*Ibid.,* p. 103. 159 頁。

70）*Ibid.,* p. 104. 160 頁。

71）*Ibid.,* p. 107. 164 頁。

72）*Ibid.,* pp. 108-109. 166-167 頁。

73）*Ibid.,* p. 115. 176 頁。

74）*Ibid.,* p. 116. 177 頁。

75）田中浩「グリーンと河合栄治郎：リベラル・デモクラシーからソーシャル・デモクラシーへ」行安茂編『イギリス理想主義の展開と河合栄治郎：日本イギリス理想主義学会設立 10 周年記念論集』（世界思想社，2014 年）352 頁。

[第5章]

大衆社会

はじめに

イギリスでは，1867年の第2回選挙法改正により都市労働者が，1884年の第3回選挙法改正により農業労働者が，1918年の第4回選挙法改正により30歳以上の女性が，1928年の第5回選挙法改正により男性とおなじく21歳以上の女性が，それぞれ参政権を獲得した。参政権の拡大は，政治における理性の機能を低下させた。

グレイアム゠ウォラスは1858年，イギリスにうまれた。1881年にオックスフォード大学を卒業後，1886年から1904年までフェビアン協会に加入した。その間，1894年からロンドン学校委員会委員を，1904年から1907年までロンドン州議会議員をつとめた。その経験をもとに，1908年『政治における人間性』を出版した。1923年までロンドン大学の政治学教授をつとめ，1932年に死去した。本章は主としてウォラスの『政治における人間性』に焦点をあてて，大衆社会の特質を解明するものである。

ウォラスによれば，最良の政治形態は代議制の民主政治であるとみなされている[1]。1867年にイギリスで第2回選挙法改正という「暴挙（leap in the dark）」がなされてから，ヨーロッパの大国に民主的・代議制的な統治が拡大した。しかし，政治家も政治学者も，代議制民主政治の経験に当惑・失望しているようである[2]。アメリカ人は，選挙の「黒幕（machine）」の活動が強力であることに不満をもっている[3]。イギリスの民主主義者も，選挙組織の実態をみれば，アメリカ人と同様の失望を感じている[4]。

　プラトンからジョン゠ステュアート゠ミルにいたる思想家は，人間性にかんする独自の見解を有し，統治にかんする思索の基礎としていた[5]。20 世紀の政治学者は制度を分析するけれども，人間性を分析しようとしない[6]。とはいえ，政治の研究と人間性の研究を分離しようとする傾向はなくなりつつあった[7]。政治における人間性の研究は，制度にかんする知識の深化・拡大をもたらすこととなろう[8]。

1　問題の状況

［1］政治における衝動と本能

　人間性の作用を再検討して政治的思索をふかめようとするひとは，人間の知性を過大視する傾向を克服しなければならなかった[9]。あらゆる人間の行為が知的過程の結果であるというわけではない。19 世紀イギリスの歴史家・政治家トマス゠バビントン゠マコーリは，人間がつねに私利にもとづいて行動するとのべている[10]。しかし，目に砂がはいってハンカチで除去してもらおうとするばあい，ハンカチがちかづくと目をとじるのは，衝動によるのであって，私利にもとづいてではない[11]。ウォラスは本能を，ありうる結果にたいする意識的な予測とは無関係に，行為にむかう衝動と定義している[12]。かれによれば，新生児が母乳をのむ衝動は，あきらかに本能的であった[13]。

　つぎに，ウォラスは政治的衝動について叙述している[14]。たとえば，選挙の戦術では，情にうったえる工夫がなされている[15]。候補者は，たえず顔をだし，景品をくばり，他者の演説の最後に一言するよう忠告されている[16]。それは候補者の価値について理路整然とした判断をくだす機会を有権者にあたえず，候補者への本能的な愛情をもたせるためであった[17]。また，君主は終身の候補者のようなものであり，個人的な愛情を獲得する精巧にして伝統的な技術を有する[18]。たとえば，ヴィクトリア女王の即位 60 年を記念する 1897 年に迫真の肖像が貨幣に刻印されたとき，女王にたいするひとびとの愛情が増大した。

　人間はプライヴァシにたいする欲望を一種の本能として有する[19]。シャルル＝フーリエやロバート＝オウエンによる共産主義の実験が失敗したのは，こうしたことを理解していなかったためである[20]。しかるに，アリストテレスはプラトンの共産主義を批判して「生活をともにし，人間にかかわるすべてのことがらを共有することはむずかしい」とのべていた[21]。

　プライヴァシがもっとも無視されているのは，民主政治においてであった[22]。政治家は自分の神経と肉体的な健康を，知的な仕事のために使用しなければならないにもかかわらず，すべての訪問者をつねに厚遇して，支持者の熱狂を共有するか刺激することが期待された[23]。

［2］政治的な実在

　政治にかんしては，情緒的な経験を知的に説明しがちである[24]。たいていのひとにとって，中心的な政治的実在は祖国である。ひとがそれに殉ずるのは，祖国という観念を論理的に構成・分析するからではなくて，そのひとの精神が愛情をともなう感覚を自動的に選択するからである。

　とはいえ，国家は政治的実在の1つにすぎない[25]。現代国家のもっとも顕著な政治的実在は，政党である[26]。それは意識的にして知的な過程をへてうまれる[27]。すなわちエドマンド＝バークがのべるとおり「全員の一致したある特定の原理にもとづき，共同の努力によって国益を促進するために結合した人間集団[28]」が形成するものである。しかし，ひとたび成立したら，その名称と自動的な連想によって，情緒的反応を惹起するものとなる[29]。政党の候補者は最初に立候補するとき，たいていの選挙民から「自由党」か「保守党」という名称のついた小包にすぎないとみなされる[30]。選挙民はその政党にたいする先入観と期待をとおして，候補者に共鳴する[31]。

　政党とは，その指導者の意見・行為と無関係の，選挙民の記憶・情緒のなかにある実在である。もっとも，例外的な人間的魅力と表現力を有するひとは，かれ自身が政党である[32]。たとえば，ウィリアム＝ユーアト＝グラッドストンがそうであった。とはいえ，指導者自身を政党とみなしうるのは，かれが一定

不変の意見を執拗に固守するか，緩慢・単純・着実に発展するばあいだけであった。また，ウォラスは政党や政治家以外の政治的実在として，新聞をあげている[33]。新聞も政治的勢力を維持するには，一貫した見解を固守しながら，読者に印象づけなければならなかった。

［3］政治における非合理的な推論

人間は，しばしば政治において愛情と本能の直接的な刺激をうけて行動する[34]。自分の政治的行動の結果を推論するさい，つねに理性的推理の過程をへているわけではない[35]。たいていの人間の政治的意見は，経験によって検証された理性的推理の結果ではなくて，習慣によって固定された無意識な推論の結果である[36]。たとえば，あたらしい候補者が選挙民に旧友のように微笑するとき，人間の愛情という直接的な本能にうったえて，自分が旧友であると信じこませることができた[37]。また，有権者は新聞を購読しながら，政治的意見を暗示によって採択して習慣的に復唱するかもしれない[38]。そのばあい，ほかの主張と比較する必要をかならずしも感ずるわけではなかった。

［4］政治的推理の対象

政治学における正確な推理は，自然科学におけるよりも困難である[39]。政治思想史のなかで，ひとびとは幾度も，統治の基準を発見したと信じてきた[40]。その具体例として，プラトンのイデア，ジョン゠ロックにおける神の法，ジャン゠ジャック゠ルソーの社会契約にもとづく人権，ジェレミ゠ベンサムの快楽と苦痛などがあげられる[41]。しかるに，たとえば快楽と苦痛にかんする少数の，断片的な，歪曲された事実をおそわる政治思想家は，そうした人間観を墨守しがちであるけれども，それは経験的事実にもとづくものではなかった[42]。

また「正常な」あるいは「平均的な」人間と比較した，個々人の遺伝的な偏差を数量的に研究することもむずかしかった[43]。すべての人間の遺伝的な偏差を記憶したり研究目的で利用したりすることはできないからである[44]。さ

らに，人間の性格・行動にたいする環境の影響も，政治学の対象としづらいものであった[45]。それが極度の不安定性と不確実性を有するためである。

［5］政治的推理の方法

伝統的な政治的推理の方法は，その対象とおなじく欠陥を有していた[46]。たとえば「正義」「自由」「国家」というような政治的な抽象観念を，現実に存在するものであるかのようにみなしてきた。しかるに，経済学においては，量的な推理が質的な推理の代替となりつつあった[47]。

政治学に魅了される青年は「自由主義」「帝国主義」「科学的社会主義」「人権」「女権」などの信奉者となる[48]。かれらにとっては「自由主義と帝国」「権利と原理」などが現実的にして明白なものである。これらのことがらを旧来の先験的な方法で論じていると，非現実的にみえて，政治学に失望し，自分の政治的意見を形成して行動するさいに習慣か党派心に依存するようになる。こうした政治学にたいする幻滅をなくすには，数量的方法を普及させる必要があり，幸運にも，そうした変化が生じつつあった[49]。たとえば，1834年に改正された救貧法は，つぎのような演繹的な三段論法にもとづくものであった[50]。

① すべての人間は快楽を追求し，苦痛を回避する。
② 反社会的な行為には苦痛が，社会的行為には快楽が，それぞれともなうようにしなければならない。
③ ゆえに，社会に有益な労働をなしえない生活困窮者を隔離して，最下層の独立労働者よりも優遇してはならない（劣等処遇の原則）。

それにたいして，1905年に設立された救貧法委員会は，貧困の救済にかんする無数の数量的な観察資料を，図表に整理して考察しなければならなかった[51]。とはいえ，国会の弁論においては，質的方法から量的方法への変化が，ほとんどすすんでいなかった[52]。

2　進歩の可能性

［1］政治的道徳

　20世紀の政治思想家は自然科学の影響をうけ，それを手本として，質的よりも量的な研究方法を駆使しはじめていた[53]。19世紀の政治思想家は，民主政治のもとにある市民が理性にしたがって投票権を行使し，有権者が自由にして真摯な討論をきく機会を十分にもてば，善政がおこなわれると想像していた[54]。しかし，すでにのべたような政治学の変化によって，青年政治家が倫理的伝統を放棄し，人間性の非合理的な要素を利用する方法を採用することが予想された[55]。

　チャールズ＝ダーウィンが進化論を発表するまえの政治理論家は，自分の原理を採用すれば，完全な政治社会ができあがると確信していた[56]。たとえば，ロックにおける神の意図を実現する政府がそれである。しかし，ダーウィン以後の教訓は，完全な知識が人間を完成させることを期待してはならないということであった。

　19世紀末のイギリス夜間学校では「市民の生活と義務」にかんする授業を新設した[57]。それは地方税徴収官や警察官が社会生活において演ずる役割を叙述するとともに「個人的利益に奉仕するだけでは十分でない」「善政には公共精神と知性が必要である」「投票するには正直が必要である」「投票は信託でも権利でもある」などの格言を掲載した教科書を使用するものであった[58]。そうした説明と徳育を交互におこなう授業方法は，生徒の関心を喚起しなかった[59]。子どもの情緒がもっとも容易に反応するのは，ことばではなくて見聞したものである[60]。かれらが国家を愛するには，そのもっとも崇高な面をみせるべきであった。

　宗教の情緒的・哲学的伝統と，科学の導入した知的義務のあたらしい概念を，融合することがのぞましかった[61]。しかし，ふるい信仰とあたらしい知識の不可避的な衝突が，全キリスト教世界において，宗教の結論と科学の結論だけでなく，宗教的な思考習慣と科学的な思考習慣をも分裂させていた[62]。

［2］代議政治

　たいていの文明国民が有する憲法をうみだした民主主義運動は，非現実的な知的人間観が鼓吹したものである[63]。代議制民主主義を採用したことがまちがいであったかどうかのまえに，共同体の成員の同意が善政の必要条件であるかどうかを論じなければならない[64]。プラトンはこの問題にたいして「否」と回答している。オーギュスト゠コントも同様である。民主主義の経験に失望し，職業政治家が民衆の衝動・思想を操縦することの代案として「プラトンへもどろう」とする思想家が増大しつつあった[65]。プラトンによれば，支配者は被支配者の忠誠を獲得するために「高貴なうそ[66]」をつかなければならない。その内容は，人間が誕生するさい，支配者には金が，軍人には銀が，生産者には鉄が，それぞれ混入していたとするものである[67]。にもかかわらず，当時のイギリスでは，国会議員の選挙権を21歳以上の男性に付与していた[68]。

　ウォラスは，ロンドン州議会議員に立候補したさい，非常にまずしい地区の投票所で終了直前の状況を目撃した[69]。そこにいた投票者は，選挙運動員による「最後の猛攻」の成果であった。かれらは職場か居酒屋か寝床から馬車か自動車でつれてこられたばかりで呆然と当惑していた。かれらの大部分は，入口で指示された候補者の氏名を確認しようとしていた。少数のものは泥酔していた。こうしたひとびとによる投票を，ロンドン政府を創出する満足な方法と承認することはできなかった[70]。政治の実情に通暁しているひとは，選挙権の拡大が政治組織における道徳的・知的な問題を一掃すると信じることができなかった[71]。ほかの州でも，真に政治に熱心なひとびとは選挙民の10%未満にすぎなかった[72]。こうした状況において，ウォラスは個々の市民の政治的な力を道徳的・教育的改革によって増大させることをめざした[73]。それはウォルタ゠バジョットが第2回選挙法改正を阻止するために『イギリス国制論』を刊行したのと対照的であって，ウォラスは選挙法改正を既成事実としてうけとめていた[74]。

[3] 公務の思想

　選挙による議員は，選挙によらない職員を自由に任命すべきであろう
か [75]。多数のアメリカ合衆国の政治家は，民主主義原理の帰結として，下院
議員か上院議員が選出母体の地方の連邦職員を指名する権利を有すると主張す
るであろう。しかるに，たいていのイギリス人は，職員の能率を個々の代議士
の個人的な性格に依存させることが安全でないと認識していた。

　選挙を政治的権威の唯一の基礎とするのか，あるいは選挙によらない職員が
ある程度の自主的な影響力を行使するのがよいのか [76]。たいていのイギリス
人は，後者を容認していた。それは，民主政治を運用してきた経験の顕著な結
果であった [77]。かれらは責任のある独立的な公務員制度の存在意義をたかく
評価していた [78]。イギリスに官庁の公表する数字が存在しなければ，一般の
投票者が個人的な判断をなしえないほど専門的な問題について，不純にして故
意に不誠実な扇動が，はなはだしい政治的害悪をおよぼすかもしれなかっ
た [79]。

　イギリスの庶民院にたいする真の第二院，国制上の抑制機関は貴族院か国王
ではなかった [80]。それは，いかなる政治家の意見か願望からも独立した制度
にもとづいて任命され，非行がないかぎり罷免されない，常勤の公務員であっ
た。こうした公務員制度の創設は，19世紀イギリスにおける重要な政治上の
発明であった。1854年，スタッフォード゠ノースコートとチャールズ゠トレ
ヴェリアンは公務員の任用方法にかんする調査報告書を国会に提出した [81]。
それは，財務省の官吏推薦長官から国家公務員の任命権を分配された国会議員
が，縁故採用による得票をめざすことの悪影響を明示するとともに，競争試験
を導入することを提案していた。その後，1870年にグラッドストンは国家公
務員の公開競争試験制度を確立した [82]。

　これとおなじ制度を地方政府の職員の任命にも適用すべきであった [83]。イ
ギリスで中央政府の公務員を競争試験で採用する制度を創設した1つの目的
は，汚職を防止することにあった [84]。職員が代議士の恩恵をうけて任用され
ることがなくなったとき，代議士と職員が共謀して公衆を欺瞞することは困難

になった。こうした汚職の防止手段が地方政府において必要なのは，いっそう
明白であった[85]。

［4］愛国心と人間愛

　国家を効果的に統治するには，それが 1 つの同質的な国民でなければなら
ない[86]。市民は，個々の住民を同化する 1 つの国民的類型の存在を信じてい
なければ，国家を想像するか，政治的愛情の対象とすることができないからで
ある。オットー゠フォン゠ビスマルクはこうした観念にもとづき，1871 年に
オーストリアを除外してドイツ帝国を成立させた。イタリアの統一をめざした
ジュゼッペ゠マッツィーニもビスマルクと同様に，いかなる国家も，同質的な
国民が構成してはじめて，適切に統治しうるとかんがえた[87]。かれは，万人
が国籍を区別せずに愛しあうべきであると説教するコスモポリタンを，心理学
的に不可能なことを要求するものとして攻撃した。かれによれば，人類が個々
の人間のすべてを意味するならば，何人も人類を想像することも，愛すること
もできなかった[88]。こうした主張をうけて，ウォラスは下記の問題を提起し
た[89]。

　　①　国籍を区別せずに全人類をみることができるか。
　　②　全人類を愛することができるか。

　ウォラスは問題①にたいして，1859 年にダーウィンが『種の起源』を出版
したことにより，人類を 1 つの生物学的集団として想像しうるようになった
とのべている。問題②については『種の起源』が各個人を有機的に進化するも
のとみなしているため，対立する諸国家・帝国の利己主義を人間愛によって解
消することを期待している[90]。しかるに，有機的進化の発見が人間愛を刺激
せず，それが永久に不可能であるとおもわれたのは，19 世紀の思想的悲劇で
あった。進歩はつねに容赦ない生存競争によっておこなわれてきたのであり，
同情と愛情は闘争を鈍化するため，人類を退化させるとかんがえられた。人類

同士が殺戮しあう闘争が不可避で永遠につづくという憂鬱な想像が，世界政治
の研究に影響をおよぼしてきた。こうした政治的ダーウィニズムによれば，世
界の貿易路の支配をめぐるヨーロッパ諸国民の闘争は，各国民にとって科学的
に必要なものでも，道徳的な義務でもあるとされた[91]。しかし，ウォラスが
反論するところによれば，個体間の生存競争から生ずる生物学的な利益と，諸
帝国の闘争から期待される利益を同一視することは，まったく非科学的であっ
た[92]。

　何人も，ただちに世界連邦の形成を期待することも，確信をもって予言する
こともできない[93]。けれども，人類の共通の目的を意識すれば，あるいはそ
のような共通の目的が存在しうることを承認すれば，世界政治の様相が一変す
るであろうというのが，ウォラスの希望であった。

おわりに

　参政権の拡大は，政治における理性の機能を低下させた。その結果，財産と
教養を有する少数の市民のみが政治参加をゆるされていた市民社会は，それを
かならずしももたない多数の大衆が政治の行方を左右する大衆社会へと変貌し
た。そこでは，衝動や本能など非合理的なものが政治のありかたを決定するよ
うになった。

　そうしたなかで，政治の実情に通暁しているひとは，選挙権の拡大が政治組
織における道徳的・知的な問題を一掃すると信じることができなかった。にも
かかわらず，ウォラスは個々の市民の政治的な力を道徳的・教育的改革によっ
て増大させることをめざした。また，政治的ダーウィニズムによれば，世界の
貿易路の支配をめぐるヨーロッパ諸国民の闘争は，各国民にとって科学的に必
要なものでも，道徳的な義務でもあるとされた。それにたいして，ウォラスは，
人類の共通の目的を意識するか，そのような共通の目的が存在しうることを承
認することが，世界政治の変革をもたらすことを希求した。

　ウォラスがフェビアン協会を脱退した一因は，シドニ＝ウェッブとビアトリ

ス゠ウェッブを典型とする同協会の多数派が連合王国内の経済的・政治的平等
を最重視したのにたいして，ウォラスが連合王国の社会問題の解決よりも世界
中の人間の幸福を優先させたことにあった[94]。かれは第一次世界大戦が勃発
した 1914 年に刊行した『巨大社会』において，機械や交通・運輸機構や通信
手段の発達によって世界的規模に拡大した社会，すなわち巨大社会が国際的な
連帯をもたなければならないと主張した[95]。

　こうしたウォラスの期待にもかかわらず，大衆社会のもとで，ドイツのナチ
党による一党独裁が実現し，やがて第二次世界大戦は枢軸国（ファシズム陣営）
と連合国（反ファシズム陣営）の戦争となった。

1)　Wallas, Graham, *Human Nature in Politics,* 3rd ed. (London : Constable, 1920), p. 1. 石
　　上良平・川口浩訳『政治における人間性』（創文社，1958 年）13 頁。

2)　*Ibid.,* p. 2. 14 頁。

3)　*Ibid.,* pp. 2-3.

4)　*Ibid.,* p. 3.

5)　*Ibid.,* p. 12. 21 頁。

6)　*Ibid.,* p. 14. 23 頁。

7)　*Ibid.,* p. 15.

8)　*Ibid.,* p. 19. 26 頁。

9)　*Ibid.,* p. 21. 27 頁。

10)　[Macaulay, Thomas Babington], "*Essays on Government, Jurisprudence, the Liberty of
　　the Press, Prisons and Prison Discipline, Colonies, the Law of Nations, and Education.*
　　By James Mill, Esq. author of the History of British India. Reprinted by permission
　　from the Supplement to the Encyclopædia Britannica. (Not for sale.) London, 1828.,"
　　The Edinburgh Review, or Critical Journal, Vol. XLIX (March 1829), p. 185.

11)　Wallas, G., *Human Nature in Politics,* p. 23. 石上・川口訳 28-29 頁。

12)　*Ibid.,* p. 25. 30 頁。

13)　*Ibid.,* p. 26. 31 頁。

14)　*Ibid.,* p. 29. 34 頁。

15)　*Ibid.,* p. 30. 35 頁。

16)　*Ibid.,* pp. 30-31.

17）*Ibid.*, p. 31.

18）*Ibid.*, p. 32. 36 頁。

19）*Ibid.*, p. 46. 47 頁。

20）*Ibid.*, p. 49. 50 頁。

21）Aristote, *Politique*, 1263a, texte établi et traduit par Jean Aubonnet, *Politique*, Tom. I, 4e tirage (Paris : Les Belles lettres, 2002), p. 59. 神崎繁・相澤康隆・瀬口昌久訳『政治学』『アリストテレス全集 17』（岩波書店，2018 年）75 頁。

22）Wallas, G., *Human Nature in Politics*, p. 51. 石上・川口訳 51 頁。

23）*Ibid.*, pp. 51-52. 51-52 頁。

24）*Ibid.*, p. 72. 68 頁。

25）*Ibid.*, p. 81. 76 頁。

26）*Ibid.*, p. 82. 77 頁。

27）*Ibid.*, p. 83. 78 頁。

28）Burke, Edmund, *Thoughts on the Present Discontents* (1770), Paul Langford ed., *The Writings and Speeches of Edmund Burke*, Vol. II (Oxford : Clarendon Press, New York : Oxford University Press, 1981), p. 317. 中野好之訳『現代の不満の原因を論ず』『バーク政治経済論集：保守主義の精神』（法政大学出版局，2000 年）80 頁。

29）Wallas, G., *Human Nature in Politics*, p. 84. 石上・川口訳 78 頁。

30）*Ibid.*, p. 90. 83 頁。

31）*Ibid.*, p. 91. 84 頁。

32）*Ibid.*, p. 95. 87 頁。

33）*Ibid.*, p. 96. 88 頁。

34）*Ibid.*, p. 98. 90 頁。

35）*Ibid.*, p. 99.

36）*Ibid.*, p. 103. 94 頁。

37）*Ibid.*, p. 106. 96-97 頁。

38）*Ibid.*, p. 112. 101 頁。

39）*Ibid.*, p. 115. 104 頁。

40）*Ibid.*, p. 117. 105 頁。

41）*Ibid.*, pp. 118-120. 106-108 頁。

42）*Ibid.*, pp. 123-124. 111 頁。

43）*Ibid.*, p. 129. 116 頁。

44）*Ibid.*, p. 130.

45）*Ibid.*, pp. 134-135. 120 頁。

46）*Ibid.*, p. 138. 123 頁。

47）*Ibid.*, p. 143. 127 頁。

48）*Ibid.*, p. 154. 136 頁。

49）*Ibid.*, p. 155. 137 頁。

50）*Ibid.*, p. 156. 137-138 頁。

51）*Ibid.*, p. 157. 138-139 頁。

52）*Ibid.*, p. 165. 145 頁。

53）*Ibid.*, p. 167. 147 頁。

54）*Ibid.*, p. 170. 149 頁。

55）*Ibid.*, pp. 176-177. 155 頁。

56）*Ibid.*, p. 178. 156 頁。

57）*Ibid.*, p. 191. 167 頁。

58）*Ibid.*, pp. 191-192.

59）*Ibid.*, p. 192.

60）*Ibid.*, p. 193. 168 頁。

61）*Ibid.*, p. 196. 171 頁。

62）*Ibid.*, pp. 196-197.

63）*Ibid.*, p. 199. 173 頁。

64）*Ibid.*, p. 200. 174 頁。

65）*Ibid.*, p. 201.

66）Plato, *Republic,* 414c, Chris Emlyn-Jones and William Preddy ed., *Plato,* Vol. V (Cambridge, Mass. : Harvard University Press, 2013), pp. 328-329. 藤沢令夫訳『国家』『プラトン全集 11』（岩波書店，1976 年）250 頁。

67）*Ibid.*, 415a, pp. 332-333. 251-252 頁。

68）Wallas, G., *Human Nature in Politics.* p. 205. 石上・川口訳 178 頁。

69）*Ibid.*, p. 229. 196-197 頁。

70）*Ibid.*, p. 230. 197 頁。

71）*Ibid.*, pp. 231-232. 199 頁。

72）*Ibid.*, pp. 232-233.

73）*Ibid.*, p. 240. 205 頁。

74）杉田敦「人間性と政治：グレアム・ウォーラスの政治理論（上）」『思想』739 号（1986 年）103 頁。

75）Wallas, G., *Human Nature in Politics.* p. 243. 石上・川口訳 207 頁。

76）*Ibid.*, p. 244. 208 頁。

77）*Ibid.*, pp. 244-245. 209 頁。

78）*Ibid.*, p. 245.

79）*Ibid.*, p. 246. 210 頁。

80）*Ibid.*, p. 249. 212 頁。

81）*Ibid.*, p. 251. 213 頁。

82）*Ibid.*, p. 253. 215 頁。

83）*Ibid.*, p. 256. 218 頁。

84）*Ibid.*, p. 257. 219 頁。

85）*Ibid.*, p. 258.

86）*Ibid.*, p. 274. 232 頁。

87）*Ibid.*, p. 275. 233 頁。

88）*Ibid.*, pp. 275-276.

89）*Ibid.*, p. 286. 242 頁。

90）*Ibid.*, p. 287. 243 頁。

91）*Ibid.*, p. 289. 245 頁。

92）*Ibid.*, p. 290. 246 頁。

93）*Ibid.*, p. 294. 249 頁。

94）Do., "*The History of the Fabian Society.* By Edward R. Pease.," *Fabian News,* Vol. XXVII, No. 8 (July, 1916), p. 31. 平石耕『グレアム・ウォーラスの思想世界：来たるべき共同体論の構想』（未来社，2013 年）222 頁。

95）Wallas, G., *The Great Society : A Psychological Analysis* (London, Macmillan, 1925), pp. 3, 11. 平石前掲書 242 頁。

[第6章]

独　裁

はじめに

　1918 年，第一次世界大戦の即時講和を要求するドイツの水兵がキール軍港で蜂起すると，革命運動が拡大して，皇帝ヴィルヘルム 2 世は亡命し，ドイツは共和国となった（ドイツ革命）。1919 年に国民議会で社会民主党のフリードリヒ゠エーベルトが大統領に選出され，民主的なヴァイマル憲法が制定された。けれども，敗戦にともなう巨額の賠償金，帝政派や右翼の反共和国活動により，経済と政局は不安定なままであった。1925 年にエーベルトが死去すると，大戦後期に陸軍参謀総長をつとめたパウル゠フォン゠ヒンデンブルクが大統領に民選された。1929 年の世界恐慌後に国民生活や議会政治が混乱すると，1930 年からヒンデンブルクは，ヴァイマル憲法の規定する，非常事態や政党間の対立で国会が機能しないばあいにみとめられた大統領緊急令を乱発し，国会の信任をえない内閣（大統領内閣）に政権を担当させた。同憲法第 48 条第 2 項は「ドイツ国内において，公共の安全および秩序にいちじるしい障害が生じ，またはそのおそれがあるとき，大統領は，公共の安全および秩序を回復させるために必要な措置をとることができ，必要なばあいには，武装兵力をもちいて介入することができる」と規定している [1]。

　イタリアでは 1920 年に社会党左派（イタリア共産党の前身）の指導によって，労働者が工場を，貧農が土地を，それぞれ占拠したのにたいして，地主・資本家・軍部などの支配層が反撃した。ベニート゠ムッソリーニの創設したファシスト党は，左翼の運動を暴力で攻撃し，全体主義をとなえた。1922 年に

　ムッソリーニはファシスト党による政権獲得のための示威行動「ローマ進軍」
をへて国王から首相に任命され，1926 年に一党独裁体制を確立した。その政
治体制・思想はファシズムとよばれる。

　ドイツでは 1930 年にナチ党と共産党などの反議会勢力が伸長して，国会の
機能が麻痺した。ナチ党はアドルフ゠ヒトラーを指導者とする政党であり，イ
タリアのファシズムにまなびつつ，ユダヤ人を排斥して民族共同体を建設する
ことをめざした。世界恐慌によって失業者が増加し，社会不安がひろがると，
おおくのひとびとがナチ党の大衆宣伝の影響をうけて，ヴァイマル共和国の民
主主義に期待せず，ナチ党を支持するようになった。1932 年の選挙で同党は
第一党になり，1933 年にヒンデンブルクはヒトラーを首相に任命した。同年，
ヒトラーは全権委任法を成立させて，国会の立法権を政府に移譲させ，一党独
裁を実現した。1934 年にヒンデンブルクがなくなると，大統領の権限をも掌
握して独裁体制を確立した。

　1888 年，カール゠シュミットはドイツでうまれた。1921 年に『独裁：近代
主権論の起源からプロレタリア階級闘争まで』を出版した。同書は独裁を，現
行憲法を存続させるために，それを一時的に停止する「委任独裁」と，新憲法
を制定する権力を行使する「主権独裁」に区分する[2]。そのうえで，ヴァイマ
ル憲法第 48 条の規定する「例外状態」における大統領緊急令の発令は前者に
該当するとして[3]，大統領独裁を合法としている[4]。1923 年に『現代議会主
義の精神史的状況』初版を上梓した。その後，1926 年に論文「議会主義と現
代大衆民主主義の対立」を公刊した。同年『現代議会主義の精神史的状況』第
2 版を出版したさいに，論文「議会主義と現代大衆民主主義の対立」を「序言
(議会主義と民主主義の対立)」として同書に収録している。1932 年に『政治
的なものの概念』を公刊した。シュミットがめざしたのは大統領独裁であって，
ナチ党を支持していたわけではなかったけれども，1933 年にヒトラーが首相に
なると，シュミットはナチ党に入党して，ナチズムを正当化した[5]。ヒトラ
ーとシュミットは政治的多元主義の否定，独裁の思想，反ユダヤ主義という点
で共通していた。ナチ党が政権を掌握するまえから，シュミットは反ユダヤ主

義的な言辞を弄していた[6]。1933 年から 1945 年までベルリン大学教授をつ
とめた。第二次世界大戦後は故郷にもどり，1985 年に死去した。本章はシュ
ミットの『現代議会主義の精神史的状況』と『政治的なものの概念』に依拠し
て，独裁について考究するものである。

1　現代議会主義の精神史的状況

　ドイツでは 1919 年以降，議会主義的活動の欠陥として，議会演説の無目的
性と陳腐さが強調されてきた[7]。また，ヴァイマル共和国で導入された比例代
表制が選挙民と議員の紐帯を喪失させ，代表原理を無意味にしているという印
象がひろがった。さらに，重要な決定は諸党派の指導者の秘密の会合でなされ
るため，あらゆる責任転嫁が生じた。シュミットが『現代議会主義の精神史的
状況』を執筆したのは，近代議会制度が空虚な装置として，たんに機構的な惰
性により維持されているにすぎないことを解明するためであった[8]。

［1］民主主義と議会主義
　19 世紀は民主主義の凱旋行列の時代であった。すなわち西ヨーロッパ文化
圏のいかなる国家にも，民主主義の思想・制度が伝播していた。そこで国民主
権の思想と君主主義の原理が対決し，民主主義が勝利した[9]。1830 年代以降，
ヨーロッパが不可避の運命のもとにあるかのように，民主主義的にならざるを
えないという確信をひろめたのは，アレクシ゠ドゥ゠トクヴィルであった。
　ジャン゠ジャック゠ルソーの『社会契約論』によれば，民主主義において，
市民は，その意志に反する法律にも同意する[10]。というのは，法律は一般意志，
自由な市民の意志だからである。こうしたフランス革命で独裁をおこなったジ
ャコバン派と同様の論理によって，多数者にたいする少数者の支配を正当化す
ることが可能となる[11]。民主主義の原理の核心は法律と国民意志の同一性に
あり，国民意志が多数の意志であれ，少数の意志であれ，抽象的論理としては
かわらないからである。

　独裁は民主主義の対立物ではない ¹²⁾。独裁者が支配する過渡期においても，法律と国民意志の同一性は存在しうるからである。唯一の実際的な問題は，国民意志を形成する手段を，すなわち軍事的・政治的権力，宣伝，新聞，政党組織，集会，国民教育，学校などによる世論の支配力を，だれが掌握しているかということだけであった ¹³⁾。

　シュミットは，ナポレオン戦争後の 1815 年から第一次世界大戦後の 1918 年までを，王朝的正当性から民主主義的正当性への発展の歴史と把握する ¹⁴⁾。19 世紀は議会主義と民主主義を同義とみなしうるほど，両者が密接に結合していた ¹⁵⁾。しかるに，議会主義がなくても民主主義は存在しうる。また，独裁は民主主義の対立物ではない。

［2］議会主義の原理
① 公開の討論

　議会の存在理由は，ただしい国家意志をうみだすための討論をおこなうことに存する ¹⁶⁾。自由主義的な合理主義は，政治生活の公開性と権力分立を要請する ¹⁷⁾。18 世紀の啓蒙主義によれば，公開性の光は啓蒙の光であり，迷信・狂信・権謀術数からの解放であった ¹⁸⁾。また，ジョン゠ロックによれば，法律を制定する機関がみずからそれを執行するのは危険であり，人間の権力欲にとってあまりにおおきな誘惑となるため，執行権の長としての君主も，立法機関としての議会も，すべての権力を自己に集中してはならなかった ¹⁹⁾。

② 議会主義の法律概念

　法治国家の理論は一般的な，あらかじめ設定された，万人を拘束する法律と，特殊な具体的事態を顧慮して発する人格的な命令を対置する ²⁰⁾。国民代表すなわち議会は，法律を討議によって制定する ²¹⁾。それは，権威にのみ基礎をおく命令とことなるものであった。

③ 議会権限の立法への限定

『ザ゠フェデラリスト』(1788年) によれば，執行権を唯一の人間にゆだね
なければならない[22]。執行権には決断と国家機密の保持が必要だからである。
しかるに，立法は審議であり，集会がおこなわなければならなかった。同書は，
議会の権限を執行権にまで拡大することを意図していなかった[23]。

④ 討論への信念

従来は，公開性と討論のみが，たんに事実上のものである力と権力を克服し，
法のみが力を獲得するとされていた[24]。しかるに，現実はこのような信念と
はるかに懸隔している[25]。すなわち政治上・経済上の重要な決定は，議会の
討議の結果ではなくて，政党の少数の指導者や大資本の代表によるものとなっ
ている。新聞論説や集会の演説や議会の討議から真のただしい立法と政治がう
まれるという信念は，いまや微々たるものにすぎなかった[26]。公開性と討論
が空虚な，実質のない形式になったとき，19世紀に発展してきた制度として
の議会は，その精神史的な基盤と意味を喪失した。

［3］マルクス主義の思考における独裁

立憲的自由主義の古典は，ルイ゠フィリップのブルジョア王制にみられる。
その終焉にあたる1848年2月は二月革命が勃発し，カール゠マルクスとフリ
ードリヒ゠エンゲルスが『共産党宣言』を出版したときであった。1848年は
民主主義の年であるとともに独裁の年でもあった[27]。両者は，議会主義的思
考のブルジョア的自由主義に対抗するものであった。合理主義的独裁という政
治理念は，マルクス主義的社会主義に内在していた。その形而上学的明証性は，
ゲオルク゠ヴィルヘルム゠フリードリヒ゠ヘーゲルの歴史論理に基盤をおくも
のであった。

① マルクス主義の科学性は形而上学である

社会主義はみずからを科学的であるとみなしたとき，本質的に誤謬のない洞

察の保証をえたと信じ，暴力行使の権利を主張することが可能になった[28]。そうしたマルクス主義の科学性は，ヘーゲルの歴史哲学の原理にもとづいていた[29]。

② 独裁と弁証法的発展

　1789年からはじまったフランス革命において，イギリスがロシアなどと第2回対仏大同盟を結成すると，1799年に軍事指導者ナポレオン゠ボナパルトが3名の統領からなる統領政府をつくり，第一統領として独裁権を掌握した。かれは1804年に法のもとの平等や契約の自由など，革命の成果を定着させるナポレオン法典を公布した。同年，国民投票で皇帝に即位し，ナポレオン1世として第一帝政を開始した。1806年にナポレオン1世はイエーナでプロイセンと交戦し，勝利した。ヘーゲルはそのとき，世界精神を体現するナポレオン1世がイエーナを騎行するのを目撃している[30]。

　ヘーゲルによれば，国際関係において，国家の独立は偶然に左右される[31]。各民族精神は相互に弁証法運動を展開する。そのなかにあらわれるのが世界精神である。それは世界法廷ともいうべき世界史において，各民族精神に正邪の判定をくだす。すなわち各時代を支配する民族精神が世界精神となる[32]。当時，世界精神と一体化していたのがナポレオン1世であった[33]。

③ マルクス主義的社会主義における独裁と弁証法

　ヘーゲルの哲学は，実践的な帰結として合理主義的独裁をもたらしうる[34]。マルクス主義も同様である。『共産党宣言』の魅力は，階級闘争が，人類史の無比にして最終的な1つの闘争，緊張の弁証法的最高潮，すなわちブルジョアジーとプロレタリアートの階級闘争へと凝集することにあった。

④ マルクス主義の自己保証

　マルクス主義によれば，あたらしい時代が到来してはじめて，それまでの時代をただしく認識しうる[35]。ブルジョアジーをただしく認識しうるのは，そ

の時代が終末をむかえることの証拠である。マルクス主義はその確実性を，こうした論法によって自己保証している。そこでは，発展の行程をただしく洞察することが，プロレタリアートの時代が到来したことの科学的確実性を付与するとされる。ブルジョアジーはプロレタリアートを理解しえないけれども，後者は前者を理解しうる。したがって，ブルジョアジーの時代は衰退しつつあった。

［4］直接的暴力行使の非合理主義理論

マルクス主義のプロレタリア独裁には，合理主義的独裁の可能性が存続した[36]。それにたいして，直接的暴力行使の理論は，非合理性の哲学にもとづいていた。たとえば，ボリシェヴィキ（多数派という意味のロシア語）の支配がそうであった。

マルクス主義をかかげるロシア社会民主労働党のうち，党を精鋭の革命家集団にしようとしたウラジーミル゠レーニンらのボリシェヴィキは，1917年に武装蜂起を指揮して政府を打倒し，権力を掌握した（十月革命）。1918年には憲法制定会議を封鎖して，ソヴィエト（労働者・兵士の評議会）を基盤とする体制に移行し，社会主義をめざす方針を明確にした。ボリシェヴィキは共産党と改称し，ソヴィエト体制は同党による一党支配となった。1922年にソヴィエト社会主義共和国連邦が結成された。シュミットによれば，マルクス主義政党が公式に採用しているプロレタリア独裁の理論は，歴史的発展を意識する合理主義が暴力行使へ移行することを例示するものであった。十月革命が成功したのは，暴力行使のあたらしい非合理主義的動機が寄与したためである[37]。それは討論ではなくて，本能と直観への信念であった。

ムッソリーニはローマ進軍の直前に下記の演説をおこなった。

　　「わたくしたちは1つの神話を創造した。神話は信仰であり，高貴な熱狂である。それは現実であることを必要としない。それは起動力であり，願望・信仰・勇気である。わたくしたちの神話は民族，偉大な民族であり，

わたくしたちはそれを具体的な現実にしようとする³⁸⁾。」

　こうした神話の理論は，議会主義的思考の相対的合理主義を否定するもので
あった。それにたいして「議会主義以外に，なにがあるのか」と反論するだけ
では十分でなかろう³⁹⁾。

2　議会主義と民主主義の対立

［1］議会主義

　シュミットは，討論と公開性という原理が崩壊するとき，現代の議会主義が
あたらしい原理をみいだしうるとかんがえなかった⁴⁰⁾。19世紀に議会主義は
民主主義と密接にむすびついて前進した。20世紀になると，議会主義と民主
主義が対立し，自由主義的・議会主義的な理念と大衆民主主義的な理念の差異
が顕著になった。議会主義は，その独自性を認識しなければ，ボリシェヴィズ
ムとファシズムにたいして精神的な優位を保持することができなかった⁴¹⁾。
　議会は，討論と公開性によって有意義となる⁴²⁾。それは，公開の討論を真
摯にうけとめて実行しなければならない⁴³⁾。しかるに，現代大衆民主主義の
発展は，公開の討論を空虚な形式に変容させた⁴⁴⁾。政党は，社会的あるいは
経済的な勢力集団として対抗しあい，たがいの利害と機会を計算して，妥協・
提携する⁴⁵⁾。宣伝機構は大衆の支持を，その目先の利害と激情にうったえて
獲得する。そこでは，真の討論にとって特徴的な，本来の意味での議論は消滅
していた。エドマンド゠バークやジェレミ゠ベンサムやフランソワ゠ピエー
ル゠ギヨウム゠ギゾーやジョン゠ステュアート゠ミルの思想は，過去のものと
なっていた⁴⁶⁾。にもかかわらず，なお議会主義を信ずるのであれば，あたら
しい論拠を提出しなければならなかった。

［2］民主主義

　議会主義すなわち討論による統治への信念は，自由主義に属するのであり，

民主主義に属するのではない[47]。民主主義は，ひとしいものをひとしく処遇することを，したがって，ひとしくないものをひとしく処遇しないことを，要求する[48]。民主主義は，同質性を保持するために，異質なものを排除あるいは殲滅しなければならない[49]。たとえば，市民的徳性すなわちアレテーをそなえたものによる古代アテネの民主主義は奴隷を，イギリスの民主主義は植民地のひとびとを，それぞれ無視するものであった[50]。もっとも民主主義的な国家であるアメリカ合衆国でさえ，外国人の参政権をみとめていない[51]。

　ルソーの社会契約論は，自由主義と民主主義を整合せずに併存させている[52]。すなわち万人の万人との自由な契約という自由主義と，同質性にもとづく一般意志という民主主義を混在させている[53]。現代の大衆民主主義も同様に，民主主義として治者と被治者の同一性を実現しようとしつつ，なお議会を有する[54]。議会とは，独立した議員の討論にもとづく制度であり，自由主義的なものである。

　議会主義の危機は，民主主義と自由主義のいずれかを選択する決断をしなければならないことに起因する。ボリシェヴィズムとファシズムはあらゆる独裁とおなじく，自由主義に反しているけれども，民主主義に反してはいない[55]。議会主義の危機は，ボリシェヴィズムとファシズムの登場によるものではない[56]。それは，自由主義的な個人意識と民主主義的な同質性の対立から生じている。

3　政治的なものの概念

［1］「政治的」と「国家的」

　一般に「政治的」とは「国家的」と同一視されるか，すくなくとも国家に関連づけられる[57]。国家とは政治的なものであり，政治的なものとは国家的なものであるとされる。それは，満足しえない循環論法であった。

［2］政治的なものの基準としての友敵の区別

政治的な行動や動機の起因となるのは，友と敵という区別である[58]。敵とは他者・異質者であり，極端なばあい，敵との衝突がおこりうる[59]。それは当事者間でのみ決着をつけることができるものである。

［3］敵対関係の現象形態としての戦争

国民は友敵の区別にしたがって結束する[60]。敵とは競争相手でも，反感をいだいて憎悪している私的な相手でもない。それは，抗争している人間の総体を意味する。このような人間の総体，全国民に関係するものは，すべて公的になるため，敵とは公敵であって，私仇ではない。

すべての政治的な概念・表象・用語は，抗争的な意味をもつ[61]。すなわち戦争あるいは革命の形式をとる友敵結束であるような具体的状況とむすびつくものである。国内における時事的論争の語法上「政治的」は「党派政略的」と同義である[62]。あらゆる国内の党派やその対立を相対化する包括的統一体たる国家という観念が，その力をうしない，他国との対立よりも国内の対立が重大なばあい，戦争ではなくて内乱が生じる[63]。戦争は国家間の，内乱は国内の，それぞれ武装闘争を意味する[64]。

戦争は敵対すなわち他者の存在そのものの否定からうまれる。戦争の可能性が消滅した世界，最終的に平和になった地球は，友敵区別の存在しない世界，政治のない世界である[65]。政治的なものという現象は，友敵結束の現実的な可能性と関連づけることによってのみ理解しうる[66]。

［4］政治的統一体としての国家，多元主義による疑問視

いかなる宗教的・道徳的・経済的・人種的な対立も，人間を友敵にわけるほど強力なばあい，政治的対立に転化する[67]。たとえば，マルクス主義的な意味での階級が，階級闘争を真剣におこない，相手の階級を敵としてあつかい，戦争であれ内乱であれ，たたかうばあい，経済的ではなくて政治的な勢力となる。

　政治的統一体とは，敵とたたかう危急のばあいの可能性をふまえたものであるため，友敵結束にとって決定的であり，主権をもつ[68]。そうでなければ政治的統一体は存在しない。しかるにハロルド゠ジョウゼフ゠ラスキなどの多元的国家論は，国家という主権的・政治的な統一体を否定して，個々人が多数のことなる社会的結合・連携のなかで生活するものであることを強調する[69]。そこでは，個々人が国家のみならず，宗教団体や労働組合や家族やスポーツクラブの一員でもあるとされた。

　シュミットが批判するところによれば，このような多元的国家論は，政治的なものの本質を認識しないため，国家を宗教的・文化的・経済的な団体と並置し競合させていた[70]。

［5］戦争と敵にかんする決定

　国家は交戦権を有する。すなわち戦争を遂行して，公然と人命を意のままにすることができる[71]。それは自国民に死と殺人の覚悟を要求して，他国民の敵を殺戮することができる。

　また，国家は内敵を決定する。すなわち追放や法的保護の停止によって，国内的な対敵宣言をおこなう[72]。

　交戦権あるいは内敵宣言の権能は，国家のみに帰属する[73]。国家はこうした人命を支配する権力をもつことによって，ほかの共同体か利益社会よりも上位にある。

　戦争を追放することは不可能であって，追放しうるのは敵だけである[74]。友敵の区別がなくなれば，政治的生活がなくなる。

［6］世界は政治的統一体でなく，政治的多元体である

　地上には複数の国家が存在し，全人類を包括する世界国家はありえない[75]。戦争と内乱がなくなって，友敵の区別が消滅すれば，政治も国家も存在しない[76]。当面，こういう状態は到来しないというのが，シュミットの予測であった[77]。

［7］政治理論の人間学的前提

　すべての国家理論・政治理念は，その人間学が性善説をとるか，性悪説をとるかによって分類することができよう[78]。シュミットによれば，真の政治理論は後者を採用するものであって，その例としてニッコロ゠マキァヴェッリやトマス゠ホッブズをあげることができる[79]。政治的なものの領域は敵の現実的な可能性によって規定されるため，政治理論が楽観的な人間学を出発点とするのは適切でなかった[80]。マキァヴェッリやホッブズのような政治理論家は，その悲観的な人間学によって，友敵区別の現実的な実在性か可能性を前提としているにすぎない[81]。偉大な政治思想家であるホッブズのとなえる「各人の各人にたいする戦争」は，臆病な空想の産物ではなくて，政治思想の基本前提である。にもかかわらず，こうした現実主義は，危険にさらされることのない平穏という幻想を愛して悲観論を許容しないひとびとから，不道徳にして悪魔的なものと批判された[82]。

［8］倫理と経済の両極による脱政治化

　自由主義は国家・政治を回避するか無視して，倫理と経済の両極のあいだを動揺する[83]。個人こそが出発点であり終着点であるという原理が，国家・政治にたいする批判的な不信をうみだす。

　国家は，たとえば戦争にさいして，国民の生命の犠牲を要求せざるをえない。しかるに，自由主義は，そうした要請を承認することができなかった。個人に闘争を，その意志に反して強要することは，不自由であり暴力である。個人的自由，私有財産および自由競争にたいする侵害は，暴力であり悪であった。したがって，自由主義は侵略的暴力の領域としての政治的なものを消去しようとする。

　けれども，シュミットの反論するところによれば，倫理・経済の両極をめぐるだけの論理は，国家・政治を根絶することも，世界を脱政治化することも，できなかった[84]。経済的な対立は政治的な対立をもたらすことがありうる。たとえば，帝国主義のもとで経済的な権力の維持あるいは拡張のためにおこな

う戦争は「聖戦」とされる[85]。これは倫理と経済の両極の要求によるものである。しかし，この非政治的な体系は，友敵関係をともなって，政治的なものに帰着せざるをえなかった。

　欧米では 19 世紀後半から，石油と電力を動力源として重化学工業や電機工業を発展させた第 2 次産業革命がおこった。その結果，主要国の資本主義が発達して競争が激化すると，資源供給地や輸出市場として植民地が重視された。1870 年代からは，本国と植民地の結合を強化したり，あたらしい植民地を獲得したりする動向がみられ，1880 年代から，欧米列強がアジア・アフリカで植民地の争奪戦を展開した。これを帝国主義といい，列強間の対立は第一次世界大戦の要因となった。

おわりに

　1939 年，ドイツがポーランドに侵攻すると，イギリス・フランスはドイツに宣戦し，第二次世界大戦が勃発した。ドイツはヨーロッパ大陸の過半を支配し，多数のユダヤ人をアウシュヴィッツなどの強制収容所で殺害した。1945 年，ドイツは空襲でおおくの都市や工業施設，交通網を破壊され，4 月にヒトラーが自殺したあと，5 月に無条件降伏した。独裁は，短期的にみれば効率のよい制度だけれども，長期的にみれば国内外に多大の被害をもたらすものといえよう。

　シュミットの独裁論は今日，さまざまなかたちでうけとめられている。たとえば，ユルゲン゠ハーバーマスは熟議民主主義にもとづいて，シュミットが公共的討論をとおしての政治的意志形成を不要としていることを批判している[86]。また，シャンタル゠ムフはラディカル゠デモクラシーの立場から「同質性」が民主主義に必要であるというシュミットの主張に賛成しつつ，それを「共通性」ということばに置換して，市民権の多様性との両立を模索している[87]。共通性とは，自由民主主義体制の政治原理すなわち自由と平等の原理にたいする忠誠を意味する[88]。ムフはシュミットの友敵関係を「闘技関係」

に転換して，こうした共通性をそなえた闘争的な多元主義を実現しようとした[89]。シュミットは自由主義と民主主義を両立不可能とみなしたけれども，ハーバーマスとムフの民主主義論は，自由主義の伝統を放棄するものではない[90]。

1) „Die Verfassung des Deutschen Reichs," Art. 48, Abs. 2, herausgegeben von Ernst Rudolf Huber, *Dokumente zur deutschen Verfassungsgeschichte,* Bd. IV, 3. neubearbeitete und verm. Ahfl. (Stuttgart : W. Kohlhammer, 1991), S. 159. 高田敏・初宿正典編訳『ドイツ憲法集』(信山社出版，第8版2020年) 123-124頁。

2) Schmitt, Carl, *Die Diktatur : Von den Anfängen des modernen Souveränitätsgedankens bis zum proletarischen Klassenkampf,* 3. Aufl. (Berlin : Duncker & Humblot, 1964), S. 136-137. 田中浩・原田武雄訳『独裁：近代主権論の起源からプロレタリア階級闘争まで』(未来社，1991年) 156-157頁。

3) Ebenda, S. 201. 223-224頁。

4) 田中浩『カール・シュミット』『田中浩集第3巻』(未来社，2014年) 46頁。

5) 藤山宏『カール・シュミット：ナチスと例外状況の政治学』(中央公論新社，2020年) 248頁。

6) 古賀敬太『カール・シュミットとその時代』(みすず書房，2019年) 276頁。

7) Schmitt, C., *Die geistesgeschichtliche Lage des heutigen Parlamentarismus,* 10. Aufl. (Berlin : Duncker & Humblot, 2017), S. 28. 樋口陽一訳『現代議会主義の精神史的状況』『現代議会主義の精神史的状況：他一篇』(岩波書店，2015年) 11頁。

8) Ebenda, S. 30. 13頁。

9) Ebenda, S. 31. 16頁。

10) Ebenda, S. 34. 21頁。

11) Ebenda, S. 35. 22頁。

12) Ebenda, S. 37. 26-27頁。

13) Ebenda, S. 37-38. 27頁。

14) Ebenda, S. 39. 29頁。

15) Ebenda, S. 41. 32頁。

16) Ebenda, S. 43. 35頁。

17) Ebenda, S. 46. 38頁。

18) Ebenda, S. 48. 41頁。

19）Ebenda, S. 51-52. 46 頁。

20）Ebenda, S. 53. 48 頁。

21）Ebenda, S. 54. 50 頁。

22）Hamilton, Alexander, "The Federalist No. 70 (March 15, 1788)," Alexander Hamilton, James Madison, and John Jay, *The Federalist*, Terence Ball ed., *The Federalist with Letters of "Brutus"* (Cambridge, U.K. : Cambridge University Press, 2003), p. 342. 齋藤眞・武則忠見訳『ザ・フェデラリスト』（福村出版，1991 年）341 頁。

23）Schmitt, C., *Die geistesgeschichtliche Lage des heutigen Parlamentarismus*, S. 57. 樋口訳 54 頁。

24）Ebenda, S. 61. 59 頁。

25）Ebenda, S. 62. 60 頁。

26）Ebenda, S. 63. 61 頁。

27）Ebenda, S. 64. 63-64 頁。

28）Ebenda, S. 65. 66 頁。

29）Ebenda, S. 68. 70 頁。

30）Ebenda, S. 70. 75 頁。

31）Hegel, Georg Wilhelm Friedrich, *Grundlinien der Philosophie des Rechts, oder, Naturrecht und Staatswissenschaft im Grundrisse*, §340, *Werke in zwanzig Bänden*, Bd. VII (Frankfurt am Main : Suhrkamp, 1970), S. 503. 長谷川宏訳『法哲学講義』（作品社，2000 年）598 頁。上妻精・佐藤康邦・山田忠彰訳『法の哲学：自然法と国家学の要綱下巻』（岩波書店，2001 年）550 頁。

32）Ebenda, §347, S. 506. 長谷川訳 601 頁。上妻・佐藤・山田訳 554 頁。

33）Ebenda, §348. 長谷川訳 602 頁。上妻・佐藤・山田訳 555 頁。

34）Schmitt, C., *Die geistesgeschichtliche Lage des heutigen Parlamentarismus*, S. 71.

35）Ebenda, S. 75. 樋口訳 83 頁。

36）Ebenda, S. 77. 87 頁。

37）Ebenda, S. 78. 88 頁。

38）Ebenda, S. 89. 106 頁。

39）Ebenda, S. 90. 107 頁。

40）Ebenda, S. 6. 126 頁。

41）Ebenda, S. 6-7. 127 頁。

42）Ebenda, S. 7. 128 頁。

43）Ebenda, S. 9. 131 頁。

44）Ebenda, S. 10. 133-134 頁。

45）Ebenda, S. 11. 134 頁。

46）Ebenda, S. 12. 136 頁。

47）Ebenda, S. 13. 139 頁。

48）Ebenda, S. 13-14.

49）Ebenda, S. 14.

50）Ebenda, S. 14-15. 140-141 頁。

51）Ebenda, S. 16. 143 頁。

52）Ebenda, S. 18-19. 147 頁。

53）Ebenda, S. 20. 149 頁。

54）Ebenda, S. 21. 151 頁。

55）Ebenda, S. 22. 152 頁。

56）Ebenda, S. 23. 154 頁。

57）Ders., *Der Begriff des Politischen : Text von 1932 mit einem Vorwort und drei Corollarien,* 9., korrigierte Auflage (Berlin : Duncker & Humblot, 2015), S. 20. 田中浩・原田武雄訳『政治的なものの概念』（未来社，1970 年）4 頁。権左武志訳『政治的なものの概念』（岩波書店，2022 年）14 頁。

58）Ebenda, S. 25. 田中・原田訳 15 頁。権左訳 21 頁。

59）Ebenda, S. 26. 田中・原田訳 16 頁。権左訳 22 頁。

60）Ebenda, S. 27. 田中・原田訳 18 頁。権左訳 25 頁。

61）Ebenda, S. 29. 田中・原田訳 22 頁。権左訳 27 頁。

62）Ebenda, S. 30. 田中・原田訳 23 頁。権左訳 28 頁。

63）Ebenda, S. 30-31. 権左訳 28-29 頁。

64）Ebenda, S. 31. 田中・原田訳 25 頁。権左訳 29 頁。

65）Ebenda, S. 33. 田中・原田訳 30 頁。権左訳 32-33 頁。

66）Ebenda, S. 34. 田中・原田訳 31 頁。権左訳 33 頁。

67）Ebenda, S. 35. 田中・原田訳 33 頁。権左訳 35 頁。

68）Ebenda, S. 37. 田中・原田訳 37 頁。権左訳 39 頁。

69）Ebenda, S. 38. 田中・原田訳 38 頁。権左訳 40 頁。

70）Ebenda, S. 42. 田中・原田訳 46-47 頁。権左訳 45 頁。

71）Ebenda, S. 43. 田中・原田訳 48 頁。権左訳 46 頁。

72）Ebenda, S. 44. 田中・原田訳 49 頁。権左訳 47 頁。

73）Ebenda, S. 45. 田中・原田訳 51 頁。権左訳 49 頁。

74）Ebenda, S. 48. 田中・原田訳 57 頁。権左訳 54 頁。

75）Ebenda, S. 50. 田中・原田訳 61 頁。権左訳 57 頁。

76) Ebenda, S. 50-51. 田中・原田訳 62 頁。権左訳 57-58 頁。

77) Ebenda, S. 51. 権左訳 58 頁。

78) Ebenda, S. 55. 田中・原田訳 70 頁。権左訳 64 頁。

79) Ebenda, S. 57. 田中・原田訳 75 頁。権左訳 69 頁。

80) Ebenda, S. 59. 田中・原田訳 78 頁。権左訳 73 頁。

81) Ebenda, S. 60. 田中・原田訳 80 頁。権左訳 74 頁。

82) Ebenda, S. 60-61. 田中・原田訳 81 頁。権左訳 75 頁。

83) Ebenda, S. 65. 田中・原田訳 89-90 頁。権左訳 81-82 頁。

84) Ebenda, S. 71. 田中・原田訳 101 頁。権左訳 92 頁。

85) Ebenda, S. 72. 田中・原田訳 102 頁。権左訳 94 頁。

86) Habermas, Jürgen, *Die Einbeziehung des Anderen : Studien zur politischen Theorie*, 2. Aufl. (Frankfurt am Main : Suhrkamp, 1997), S. 162. 高野昌行訳『他者の受容：多文化社会の政治理論に関する研究』（法政大学出版局，2004 年）160 頁。

87) Mouffe, Chantal, *The Democratic Paradox* (London : Verso, 2000), p. 55. 葛西弘隆訳『民主主義の逆説』（以文社，2006 年）86-87 頁。

88) Do., *The Return of the Political* (London : Verso, 1993), pp. 129-130. 千葉眞ほか訳『政治的なるものの再興』（日本経済評論社，1998 年）259-260 頁。

89) Do., "Introduction : Schmitt's Challenge," do. ed., *The Challenge of Carl Schmitt* (London : Verso, 1999), p. 5. 佐野誠訳「シュミットの挑戦」古賀敬太・佐野誠編訳『カール・シュミットの挑戦』（風行社，2006 年）7 頁。

90) 大竹弘二「シュミット：自由主義批判のジレンマ」杉田敦編『国家と社会』（岩波書店，2014 年）198-199 頁。

[第Ⅲ部]

政治思想と現代

[第7章]

保守主義

はじめに

　フランス国王ルイ 16 世（在位 1774-1792 年）は，イギリスとの戦争によって逼迫した財政をたてなおすために特権身分にたいして課税しようとしたけれども，抵抗されたので，1789 年に三部会を招集した。ヴェルサイユで開催された三部会では，特権身分たる第一身分（聖職者）・第二身分（貴族）と第三身分（平民）が対立し，後者の議員は自分たちが真に国民を代表する国民議会であると宣言した。かれらは憲法を制定するまで解散しないと誓約し，特権身分のなかにも，それに同調するものがあらわれ，最終的にはすべての身分が国民議会に一体化した。7 月 14 日，パンの高騰にくるしんでいたパリの民衆は，圧政の象徴であるバスティーユ牢獄を襲撃した。その後，農民蜂起が全国に拡大した。

　8 月に国民議会は，自由主義的貴族の提案にもとづいて領主裁判権などの封建的特権を廃止し，人権宣言を採択した。10 月 5 日には，パンを要求する女性たちを先頭にパリの民衆がヴェルサイユに行進し，翌 6 日に王家をパリに移転させ，国民議会もパリに移動した。かれらは 1790 年に全国の行政区画を改変し，教会財産を没収した。1791 年に選挙権を有産市民に限定した憲法を発布して，国民議会は解散し，立法議会がひらかれた。

　エドマンド゠バークは 1729 年，アイルランドにうまれた。1748 年にトリニティ゠カレッジ（ダブリン大学）で学士号を取得する。1765 年から 1794 年まで庶民院議員をつとめ，1790 年に『フランス革命の省察』を刊行し，

1797 年に死去した。本章は主として同書に着目して，保守主義の特質を究明するものである。18 世紀以降，おおきな役割をはたしてきた政治思想は保守主義・自由主義・社会主義であって，これらに対応するかたちで保守主義政党・自由主義政党・社会主義政党が形成されてきた[1]。自由主義と社会主義については，次章以降において考察する。

1 　フランス革命とイギリス国制の比較

［1］イギリス古来の国制

　バークはフランスが道理にかなった自由の精神にしたがうことを切望していた[2]。しかし，フランス革命はそのようなものではなかった。かれは革命がイギリスの平和をおびやかすことを懸念していた[3]。イギリスにおける非国教徒の牧師リチャード゠プライスは 1789 年 11 月 4 日，名誉革命 100 周年を記念する集会において，フランス革命を称賛した[4]。かれはそのなかで，イギリス国王が合法なのは，その王位を人民の選択におっているからであるとのべている[5]。プライスによれば，名誉革命によって，イギリスの民衆は下記の基本権を獲得した[6]。すなわち自分たち自身の統治者を選択し，失政のためにかれらを追放し，自分たち自身のために政府を形成する権利である[7]。しかし，バークが反論するところによれば，名誉革命にさいして国会が制定した権利の章典（1689 年）は，イギリスの統一・平和・安寧が王位継承の確実性に依拠すると宣言して，その世襲的継承を擁護している[8]。ジェイムズ 2 世の廃位の根拠は国王と人民の原始契約の破棄によって国制の転覆を企図したことであって，失政という不明確な原理ではなかった[9]。名誉革命を指導したひとびとは統治者の追放という，実行が困難な，論点が不明確な，しばしば有害な結果をもたらす権利を留保するよりも，国会による不断の監視や弾劾などを，憲法上の自由の有効な保障とみなしていた[10]。名誉革命の目的は，イギリス人に法と自由を保障する古来の国制を維持することにあった[11]。たとえば，大憲章（マグナ゠カルタ，1215 年）は，国王が課税するさいに高位聖職者と大貴族の会

議における承認を必要とすることなどを規定している。また，国会が国王の専
制政治を批判して可決した権利の請願（1628 年）によれば，臣民はその自由
を相続してきた [12]。その自由とは，抽象的原理にもとづく人間の権利ではな
くて，イギリス人の権利であり，祖先より発する家産であった [13]。さらに，
権利の章典によれば，国会が国王にたいして主張・要求した権利・自由は人民
の真正な，古来の，うたがう余地のないものであった [14]。

［2］フランス革命の実態

　フランス人は温和にして合法的な国王に，かつてないほどの狂気・狼藉・攻
撃性を発揮して反逆した [15]。それをもたらしたのは，反逆・強盗・略奪・暗殺・
殺戮・放火等を正当化しても，自分だけは完全に安全であるという感覚であっ
た [16]。三部会における第三身分の大多数は下級の無学にして，たんに補助的
な立場の法曹であった [17]。かれらは国家の損失を顧慮せず，私的利益を追求
するだけであった [18]。聖職者には，地方の助任司祭が多数存在した [19]。かれ
らは国家について無知で，絶望的に貧困で，財産を羨望していた [20]。こうし
た第三身分と第一身分の結合によって無知・軽率・僭越・略奪欲の運動が完成
し，なにも抵抗することができなくなった [21]。

　なお，貴族のなかにも，自分自身の階級にたいして略奪・凌辱をするものが
いた。乱暴にして不平のある名門のひとびとは，個人的な高慢・傲慢さによっ
て増長し，自分自身の階級を軽蔑するようになった。高貴な身分のひとびとが
下等な道具をもちいて下等な目的の実現をはかるとき，社会全体も下等・野卑
になる [22]。かれらの自覚された尊厳，高貴な自尊心，名門にふさわしい名誉
感と対抗心は消滅しつつあった [23]。もっとも，バークは権力・権威・地位を
血統にもとづかせようとしたのではない [24]。かれは美徳と英知のみを統治の
資格とみなしていた。

　経験を無学者の知恵として蔑視し，人間の権利にもとづいて古来の事例，国
会の先例・憲章・法令を破壊してはならなかった [25]。統治とは自然権によっ
てつくられるものではない [26]。それは，人間の知恵がその必要に応じて考案

したものである。その必要には，かれらの情念を抑制することがふくまれる[27]。それをおこないうるのが，かれらのなかから生じた権力であった[28]。民衆の権利と権力を混同すれば，社会全体が美徳と，とくに第一の美徳たる慎慮と，矛盾する権利を有することになる[29]。

　1789年10月6日にルイ16世と王妃マリー゠アントワネットをヴェルサイユからパリに連行した女性たちは，おそろしいわめき声とけたたましいさけび声をあげ，半狂乱でとびはねて，ひどい傲慢無礼な態度をとり，もっとも下劣な，粗末な格好をした，地獄の鬼女の言語に絶するいまわしい行為をはたらいていた[30]。『フランス革命の省察』の出版直後に『人間の権利の擁護』を刊行したメアリ゠ウルストンクラフトはこうしたバークの描写について，かの女たちが教育の恩恵をうけていれば粗野な部分をなくして，その不品行のいまわしい醜悪さを除去することができたであろうし，フランス王妃だけでなく，貴賎をとわず，すべての庶民が憐憫にあたいするとのべている[31]。バークはルイ16世が偉大な人間の徳を称揚されるのにふさわしくない状況におかれたことを遺憾におもっていた[32]。また，皇太子妃だったマリー゠アントワネットにヴェルサイユで謁見したことを想起しつつ，革命によるかの女の没落を慨嘆した[33]。かれはマリー゠アントワネットを侮辱したひとびとへの復讐を期待したけれども，騎士道の時代は過去のものとなっていた[34]。バークは忠節というふるい封建的・騎士道的精神が消滅したあとの，自身と従者の名誉に基礎をおかない権力者による陰謀・暗殺が生じることを危惧した[35]。

　ヨーロッパ世界はながいあいだ紳士の精神と宗教の精神に立脚してきた[36]。貴族と聖職者はそれぞれ保護と天職を通じて学問を存続させてきたけれども，革命後に学問は「豚のような群衆」にふみにじられるであろう。

［3］イギリスの国教制度

　イギリス人は神を畏怖し，国王を畏敬し，国会に愛着をもち，判事に服従し，聖職者を崇敬し，貴族を尊敬する[37]。そうするのが自然だからである[38]。それ以外の感情は虚偽であり，精神を腐敗させ，根本的道徳を損壊し，道理にか

なった自由に不適格にするとともに，奴隷的・放縦・自暴自棄的な尊大さをお
しえこんで奴隷状態に適合させる。かれらが認識するところによれば，宗教と
は文明社会の基礎であり，すべての善と安慰の源泉であった[39]。人間は宗教
的動物であり，無神論はその理性にも本能にも背馳していた[40]。イギリス人
は国家を，あらゆる欺瞞・暴力・不正・暴政などの不純さを一掃した聖なる神
殿として，瀆聖と破壊から保護するよう，国家とその内部で職務をおこなうひ
とびとを聖別していた[41]。それによって，統治者はその任務と運命を崇高に
して立派なものとかんがえ，不死の生命への希望をいだき，無価値な目先の金
銭や一時の瞬間的な俗衆の称賛ではなくて永遠の名声と栄光を希求していた。

　頻繁な国家の変革は，その組織と連続性を破壊し，世代間の断絶をもたら
す[42]。その結果，人間は「夏の蠅」と同様になる。国家が崩壊し，粉塵のよ
うな個人に分解して雲散霧消することのないよう，イギリス人は国家を聖別し
ていた[43]。かれらは国教制度に固執していた[44]。それは国制の基礎であり，
教会と国家は不可分であった。グレイト＝ブリテンの庶民院は国家の危急にさ
いしても，教会の財産を没収して予算の財源にしようとすることはない[45]。
しかるに，フランスの国民議会は教会の財産を，不敬虔にも没収した。イギリ
スの民衆は，そうした極悪にして破廉恥な財産没収に恐怖を感じ，驚愕した。

［4］フランス革命の原因

　イギリスの国制は，世襲的な財産・品位を有する貴族院が制御する君主制で
あり，しかも，庶民院をとおして行動する民衆全体の理性と感情が健全に抑制
する君主制であった[46]。フランスは純粋な民主制をよそおっているけれども，
有害・低劣な寡頭制に移行するであろう[47]。トーリ党の政治家ヘンリ＝シン
ジャン（ボリングブルック子爵）も君主制をこのんだ[48]。君主制に共和制を
付加するほうが，その逆よりもよいからである。この点にかんして，バークと
ボリングブルックの意見は一致していた。フランス政府は改革されるべきであ
ったのに，破壊された[49]。それは軽蔑・恐怖すべきことであった[50]。フラン
ス政府はトルコ的な専制をしいていたわけでもなく，改革しえないほど抑圧的

で腐敗して怠慢であったわけでもない[51]。フランス革命の原因は，相互抑制の政府よりも専制的な民主主義をこのんで，英国の国制の原理を圧倒したことにあった[52]。英国の国制は君主制・貴族制・民主制が調和する混合政体である[53]。それはアイルランド出身であって貴族でもないバークにとって，忠誠心の対象であると同時に政治的状況判断の基礎となっていた[54]。

　バークの見聞したところによれば，大多数のフランス貴族は高貴な精神と繊細な名誉感を有していた[55]。かれらは下層階級に家族のような態度で接し，もっともみじめな境遇のひとを打擲することもなく，いやしいひとびとを虐待することもまれであった[56]。貴族は「文明ある秩序という柱式の優雅な装飾」「洗練された社会のコリント式の〔華麗な〕柱頭」であった[57]。その没落をみてよろこぶのは不快な，悪意のある，嫉妬ぶかい性質の人間であった[58]。バークはなにかを破壊して社会に真空を，地表に廃墟をもたらすことをこのまなかった。フランスの貴族は矯正しえない悪徳や，改革によって除去することのできない弊害をもたないため，かれらを侮辱すべきでなかった。

　歴史の大部分を構成するのは，高慢，野心，貪欲，復讐，情欲，反乱，偽善，抑制のない熱情，無秩序な欲望がもたらす不幸である[59]。自由や人権を口実にして国王などを消滅させても，名称を変更して存続するであろう[60]。共同社会には，つねに権力が存在しなければならないからである。

　フランスの聖職者は迷信・無知・怠惰・欺瞞・強欲・暴政のおそろしい合成といわれていた[61]。けれども，バークがフランスでみたところによれば，かれらは穏健な精神と礼儀ただしい態度を有していた[62]。にもかかわらず，国民議会は，聖職者の公選制を導入した[63]。バークはそれによって，その職務か行為において独立していることを自任しうるひとびとを追放して，放縦・鉄面皮・狡猾・党派的・追従的な卑劣漢が聖職者になることを懸念した。かれにとって，16世紀の宗教改革者トマス゠ミュンツァーが指導したドイツ農民戦争は「狂気の進行」にほかならなかった[64]。バークがおそれていたのは，イギリス国教会の財産が没収されることではなくて，イギリス人が他者の財産を自分の当然の獲物とみなすようになることであった[65]。

　自国を白紙の状態にあるとかんがえることは傲慢であった[66]。真の政治家とは，自国に現存する素材で最善のものを獲得しようとするひとであって，保存しようとする気質と改善する能力を具備していなければならなかった。それ以外を観念することは低俗であり，実行することは危険であった。

2　国民議会にたいする批判

［1］国家の破壊・転覆

　バークは国民議会の議員を，状況に便乗して国家権力を奪取したひとびととみなしている[67]。かれらがこのあたらしい実験的な政府を，追放した暴政の代替物としたのであれば，その時効の完成を期待することができる。草創期に暴力的であった政府は長年の慣行をとおして熟成し，時効によって合法性を有するようになる。イギリスは時効にもとづく国制を有し，その唯一の権威はそれが太古から存続してきたことに由来するけれども[68]，フランスはそうでなかった。

　国民議会は国家を破壊・転覆した[69]。バークによれば，保存と改革を同時におこなうこと，すなわち旧制度の有益な部分を維持して，それに付加したものを適合させることが重要であった。緩慢であるけれども持続する進歩が，安全をもたらす[70]。しかるに，フランス革命の指導者は悪徳を憎悪するあまり，人間を愛することがすくなく，人間に奉仕する気もちも能力もなかった[71]。

［2］選挙制度の変更

　国民議会は旧来の州を廃止して，面積や人口ができるだけ均質な県に分割するとともに，立法議会について納税額にもとづく制限選挙制と間接選挙制を導入した。納税額にもとづいて選挙権を制限することは，議員の独立性を保障しえず，人間の権利を破壊するだけであろう[72]。国民議会は自然権という原理に立脚しているようにみえるけれども，財産に判然と留意していた[73]。また，各県のひとびとがたがいに他人となり，選挙人と被選挙人が社会的な習慣か紐

帯を共有せず，真の国家の魂たる自然的規律が欠如するおそれがあった [74]。
それは市民を１つの国家のなかに結合するのではなくて，フランスを相互に
無関係な多数の共和国にすることであった [75]。すなわちフランスを君主制か
ら共和制に，共和制から連邦制に移行させることであった [76]。国民議会は自
国を破壊して個々の共和国にしようとしているけれども，立法議会はフランス
全体の代表でなければならなかった。しかるに，立法議会では，第一次有権者
と最終的代表の紐帯が皆無となろう [77]。立法議会の議員は民衆が選挙したの
でもないし，民衆に責任をおうのでもない。かれらは一国内での民衆の代表で
はなくて，一国の大使のようになるであろう。それは選挙の精神を変質させる
ものであった。

　なお，バークによれば，国会とは国民全体の利益を代表する審議集会であり，
地方のではなくて普遍的な利益を追求しなければならないものであった [78]。
こうした国民代表観と密接な関連を有するのが，かれの実質的代表にかんする
理論である。バークによれば，実質的代表とは民衆が実際に選挙した受託者で
はないけれども，民衆と利害を共有し，その感情・欲求に共感している代表を
さし，実際の代表よりもすぐれているものであった [79]。バークの国民代表観
にも実質的代表の理論にも，特定の集団や地域を最優先させる狭隘な利己主義
を超越して社会全体の利益をもとめる強烈な倫理意識がうかがえる [80]。政党
論も同様である。バークによれば，政党とは「全員の一致したある特定の原理
にもとづき，共同の努力によって国益を促進するために結合した人間集団 [81]」
である。それは明確な基本理念や基本方針の欠如した，官職や年金などの利権
をもとめて抗争する徒党や派閥とことなるものであった [82]。

［3］行政区画の改変

　国民議会が全国の行政区画を改変したのは，あらゆる地方的観念を衰退させ，
民衆がガスコーニュ人でもピカルディ人でもブルターニュ人でもノルマン人で
もなくて，１つの祖国をもつフランス人になるためであるといわれている [83]。
しかし，そうした地域の住民が祖国をもつことはないであろう。あたらしい行

政区画にたいして愛着をいだくことができないからである。人間は家族を愛し，隣人を愛し，地域を愛し，国家を愛するのである。

［4］立法府全能論

立法議会はできるかぎり権力を有して，外的規制をうけないように構成されている[84]。これは立法府全能論にもとづいていた。立法議会は，少数派による内的規制をうけることもないであろう。また，元老院など国家の行動に一貫性をあたえる機関の設置を予定していなかったため，それによる外的規制をうけることもないであろう。

［5］高等法院の廃止

国民議会は高等法院（法服貴族の構成する裁判所）を廃止した[85]。それは王権から独立して，恣意的な革新に抵抗し，法に安定性をあたえていた[86]。国家における最高権力は，それに依存しないだけでなく，それと均衡するように構成された司法的権威をもたなければならなかった。高等法院は君主制の越権と堕落を矯正していたにもかかわらず，国民議会は判事を公選とした。かれらは最悪の党派根性にもとづいて不公平な判決をくだすにちがいなかった。高等法院を解体せずに維持していれば，軽薄にして不公正な民主制の悪弊にたいする矯正剤となったであろう[87]。

［6］イギリス国制の推奨

フランスでは，民衆指導者の能力不足の帰結が，自由の美名のもとで隠蔽されようとしていた[88]。それは知恵も美徳も欠如した自由にすぎず，教導あるいは抑制されない愚考・悪徳・狂気であった[89]。自由な政府をつくるには，すなわち自由と抑制という対立する要素を調合して首尾一貫した作品をつくるには，おおくの思考と，ふかい省察と，賢明にして強靭な精神が必要であった。けれども，それらは国民議会のなかにみいだされなかった。かれらのうちのだれかが適切に制限・限定された自由の計画を提案しても，それよりもはるかに

豪勢に民衆の人気を獲得しそうな提案が採用されるであろう。バークが希望したのは，イギリス人がみずからの改善のためにフランス革命を模範とするのではなくて，英国の国制をフランス人に推奨することであった[90]。イギリス人の幸福は，その国制におっていた。バークは国制を変更することを否定しなかったけれども，それは保守するためでなければならなかった。イギリス人の祖先は，フランス人が吹聴する理性の光にてらされていなかったため，人間が無知で可謬であることを前提として行動した。そうした慎重さを模倣すべきであった[91]。

おわりに

　バークによれば，経験を無学者の知恵として蔑視し，人間の権利にもとづいて古来の事例，国会の先例・憲章・法令を破壊してはならなかった。統治とは自然権によってつくられるものではない。それは，人間の知恵がその必要に応じて考案したものである。こうした保守主義を採用しなかったフランスの政治は，混迷をきわめることとなる。

　立法議会では立憲君主派と，共和制を主張するジロンド派が対立した。1792年にジロンド派が政権を掌握し，男性普通選挙による国民公会を成立させ，第一共和政がはじまった。国民公会では，急進共和主義のジャコバン派が強力になり，1793年にルイ16世を処刑した。同年，革命がイギリスに波及することを警戒したウィリアム゠ピット首相は第1回対仏大同盟を結成した。それによって，フランスは全ヨーロッパと敵対し，国内では反革命運動も生じた。ジャコバン派のマクシミリアン゠ロベスピエールは国内外の危機に対応するため恐怖政治をおこなった結果，独裁への不満が高じて，1794年に処刑された。ジャコバン派の没落後，穏健共和派が有力となり，1795年に制限選挙制を復活させた憲法により，5名の総裁からなる総裁政府がつくられた。イギリスがロシアなどと第2回対仏大同盟を結成すると，1799年に軍事指導者ナポレオン゠ボナパルトが総裁政府を打倒して，3名の統領からなる統領政府を

つくり，第一統領として独裁権を掌握した。かれは 1804 年に国民投票で皇帝に即位し，ナポレオン 1 世として第一帝政を開始した。

　バークの予言どおり，フランス革命における「多数の暴政（tyranny of a multitude）[92]」あるいは「民主主義的水平化原理[93]」は「軍事的民主制[94]」をもたらし「人気のある将軍[95]」が「共和国全体の主人」となった。こうした洞察をたかく評価すると同時に[96]，かれの賛美した国制のもとでも権利・自由の保障が不十分であったひとびとがいたことを看過してはならないであろう。

1）星野智『現代政治学の世界』（晃洋書房，2016 年）27 頁。

2）Burke, Edmund, *Reflections on the Revolution in France* (1790), L. G. Mitchell ed., *The Writings and Speeches of Edmund Burke*, Vol. VIII (Oxford : Clarendon Press, New York : Oxford University Press, 1989), p. 54. 半澤孝麿訳『フランス革命の省察』（みすず書房，新装版 1997 年）7 頁。

3）*Ibid.*, p. 60. 14 頁。

4）*Ibid.*, p. 61. 16 頁。

5）Price, Richard, *A Discourse on the Love of Our Country* (1789), D. O. Thomas ed., *Political Writings* (Cambridge [England] ; New York : Cambridge University Press, 1991), p. 186. 永井義雄訳『祖国愛について』（未来社，1966 年）40 頁。Burke, E., *Reflections on the Revolution in France*, p. 64. 半澤訳 19 頁。

6）*Ibid.*, p. 66. 22 頁。

7）Price, R., *op. cit.*, p. 190. 永井訳 48 頁。

8）"Bill of Rights (1689)," Carl Stephenson and Frederick George Marcham ed., *Sources of English Constitutional History : A Selection of Documents from A.D. 600 to the Present* (Holmes Beach, Fla. : Gaunt, 1997), p. 603. 田中英夫訳「権利章典」高木八尺・末延三次・宮沢俊義編『人権宣言集』（岩波書店，1957 年）86-87 頁。Burke, E., *Reflections on the Revolution in France*, p. 70. 半澤訳 26-27 頁。

9）"Resolution of the House of Commons (28 January 1689)," J. R. Western, *Monarchy and Revolution, The English State in the 1680s* (Basingstoke : Macmillan, 1985), p. 307. Burke, E., *Reflections on the Revolution in France*, p. 77. 半澤訳 36 頁。

10）*Ibid.*, p. 78. 37 頁。

11）*Ibid.*, p. 81. 41 頁。

12）"Petition of Right (1628)," C. Stephenson and F. G. Marcham ed., *op. cit.*, p. 450. 田中英夫訳「権利請願」高木・末延・宮沢前掲書 57 頁。

13）Burke, E., *Reflections on the Revolution in France*, p. 82. 半澤訳 42 頁。

14）"Bill of Rights," pp. 602-603. 田中訳 85 頁。Burke, E., *Reflections on the Revolution in France*, p. 83. 半澤訳 43 頁。

15）*Ibid.*, p. 89. 50 頁。

16）*Ibid.*, p. 90. 52 頁。

17）*Ibid.*, p. 93. 54 頁。

18）*Ibid.*, p. 94. 55 頁。

19）*Ibid.*, p. 96. 59 頁。

20）*Ibid.*, pp. 96-97.

21）*Ibid.*, p. 97. 60 頁。

22）*Ibid.*, p. 98. 61 頁。

23）*Ibid.*, p. 100. 62-63 頁。

24）*Ibid.*, p. 101. 64 頁。

25）*Ibid.*, pp. 108-109. 74 頁。

26）*Ibid.*, p. 110. 77 頁。

27）*Ibid.*, pp. 110-111.

28）*Ibid.*, p. 111.

29）*Ibid.*, p. 113. 80 頁。

30）*Ibid.*, p. 122. 91-92 頁。

31）Wollstonecraft, Mary, *A Vindication of the Rights of Men*, Janet Todd and Marilyn Butler ed., *The Works of Mary Wollstonecraft*, Vol. Ⅴ (London : W. Pickering, 1989), p. 30. 清水和子・後藤浩子・梅垣千尋訳『人間の権利の擁護』『人間の権利の擁護；娘達の教育について』（京都大学学術出版会，2020 年）54 頁。

32）Burke, E., *Reflections on the Revolution in France*, p. 125. 半澤訳 96 頁。

33）*Ibid.*, p. 126.

34）*Ibid.*, pp. 126-127. 97 頁。

35）*Ibid.*, p. 129. 99 頁。

36）*Ibid.*, p. 130. 100 頁。

37）*Ibid.*, p. 137. 110 頁。

38）*Ibid.*, p. 138.

39）*Ibid.*, p. 141. 114 頁。

40）*Ibid.*, p. 142. 115 頁。

41）*Ibid.*, p. 143. 117 頁。

42）*Ibid.*, p. 145. 121 頁。

43）*Ibid.*, p. 146. 122 頁。

44）*Ibid.*, p. 149. 126 頁。

45）*Ibid.*, p. 154. 133 頁。

46）*Ibid.*, p. 173. 157 頁。

47）*Ibid.*, p. 174.

48）*Ibid.*, p. 175. 159 頁。

49）*Ibid.*, pp. 175-176. 160 頁。

50）*Ibid.*, p. 176.

51）*Ibid.*, p. 180. 165 頁。

52）*Ibid.*, p. 184. 170 頁。

53）Do., *Appeal from the New to the Old Whigs* (3 August 1791), P. J. Marshall and Donald C. Bryant ed., *The Writings and Speeches of Edmund Burke*, Vol. IV (Oxford : Clarendon Press, 2015), p. 391. 中野好之訳『新ウィッグから旧ウィッグへの上訴』『バーク政治経済論集：保守主義の精神』（法政大学出版局，2000 年）603 頁。

54）坂本義和『人間と国家：ある政治学徒の回想（上）』（岩波書店，2011 年）114-115 頁。

55）Burke, E., *Reflections on the Revolution in France*, pp. 185-186. 半澤訳 172 頁。

56）*Ibid.*, p. 186.

57）*Ibid.*, pp. 187-188. 174 頁。

58）*Ibid.*, p. 188. 174-175 頁。

59）*Ibid.*, p. 189. 177 頁。

60）*Ibid.*, p. 190. 177-178 頁。

61）*Ibid.*, p. 193. 181 頁。

62）*Ibid.*, p. 194. 182 頁。

63）*Ibid.*, p. 196. 185 頁。

64）*Ibid.*, p. 202. 192 頁。

65）*Ibid.*, p. 203. 193-194 頁。

66）*Ibid.*, p. 206. 197 頁。

67）*Ibid.*, p. 213. 208 頁。

68）Do., "Speech on Parliamentary Reform (16 June 1784)," P. J. Marshall and D. C. Bryant ed., *The Writings and Speeches of Edmund Burke*, Vol. IV, p. 219. 中野好之訳「下院代表の状態を調整する委員会開催要求の動議についての演説」『バーク政治経済論

集：保守主義の精神』446 頁。

69) Do., *Reflections on the Revolution in France*, p. 216. 半澤訳 212 頁。

70) *Ibid.*, p. 217. 214 頁。

71) *Ibid.*, p. 218. 215 頁。

72) *Ibid.*, p. 223. 221 頁。

73) *Ibid.*, p. 224. 222 頁。

74) *Ibid.*, pp. 230-231. 231 頁。

75) *Ibid.*, p. 232. 233 頁。

76) *Ibid.*, p. 234. 235 頁。

77) *Ibid.*, p. 235. 237 頁。

78) Do., *Speech at the Conclusion of the Poll* (3 November 1774), W. M. Elofson with John
    A. Woods ed., *The Writings and Speeches of Edmund Burke*, Vol. III (Oxford :
    Clarendon Press, New York : Oxford University Press, 1996), p. 69. 中野好之訳「ブリス
    トルの選挙人に対しての演説」『バーク政治経済論集：保守主義の精神』164-165 頁。

79) Do., *Letter to Sir Hercules Langrishe* (1792), R. B. McDowell ed., *The Writings and
    Speeches of Edmund Burke*, Vol. IX (Oxford : Clarendon Press, New York : Oxford
    University Press, 1991), p. 629. 中野好之訳『サー・ハーキュリズ・ラングリッシへの手紙』
    『バーク政治経済論集：保守主義の精神』777 頁。

80) 岸本広司『バーク政治思想の展開』（御茶の水書房，2000 年）425 頁。

81) Burke, E., *Thoughts on the Present Discontents* (1770), Paul Langford ed., *The
    Writings and Speeches of Edmund Burke*, Vol. II (Oxford : Clarendon Press, New York :
    Oxford University Press, 1981), p. 317. 中野好之訳『現代の不満の原因を論ず』『バーク
    政治経済論集：保守主義の精神』80 頁。

82) 岸本前掲書 162 頁。

83) Burke, E., *Reflections on the Revolution in France*, p. 244. 半澤訳 249 頁。

84) *Ibid.*, p. 245. 250 頁。

85) *Ibid.*, p. 252. 261 頁。

86) *Ibid.*, p. 253.

87) *Ibid.*, pp. 253-254. 262 頁。

88) *Ibid.*, p. 290. 310 頁。

89) *Ibid.*, p. 291.

90) *Ibid.*, p. 292. 312 頁。

91) *Ibid.*, p. 293. 313 頁。

92) Do., "Letter to Captain Thomas Mercer (26 February 1790)," Alfred Cobban and

Robert A. Smith ed., *The Correspondence of Edmund Burke*, Vol. VI (Cambridge : University Press, Chicago : University of Chicago Press, 1967), p. 96. 岸本前掲書 580 頁。

93) Burke, E., *Reflections on the Revolution in France*, p. 63. 半澤訳 18 頁。

94) *Ibid.*, p. 259. 269 頁。

95) *Ibid.*, p. 266. 278 頁。

96) 坂本義和『国際政治と保守思想』『坂本義和集 1』（岩波書店，2004 年）96 頁。

[第8章]

社会主義

はじめに

　イギリスは18世紀後半にはじまった産業革命の結果，良質・安価な大量の工業製品を国際市場で販売し，19世紀に「世界の工場」とよばれるようになった。産業革命は大規模な機械制工場を出現させ，従来の家内工業や手工業を没落させた。大工場を経営する資本家は経済の大勢に影響をおよぼすようになり，資本主義体制が確立した。かれらが利潤の追求を優先させたことによって，労働問題・社会問題が発生し，その解決をめざす社会主義思想が誕生した。

　カール゠マルクスは1818年，ドイツに誕生した。フリードリヒ゠エンゲルスとともに共産主義者同盟の綱領『共産党宣言』を起草し，1848年2月に出版した。二月革命後に亡命先のベルギーからフランスをへてドイツに帰国し，三月革命が挫折したあと，1849年にイギリスへ亡命した。1864年には，国際労働者協会(第1インターナショナル)をロンドンで結成する。1867年に『資本論』第1巻を刊行し，1883年に死去した。エンゲルスは1820年，ドイツにうまれた。1842年に父親の経営する会社に勤務するために渡英し，1845年に『イギリスにおける労働者階級の状態』を公刊する。マルクスを支援しつづけ，1895年に死去した。

　エンゲルスは1880年に『空想から科学への社会主義の発展』フランス語版を，1883年にドイツ語初版を，刊行している。マルクスによるフランス語版へのまえがきによれば，本書は科学的社会主義の入門書であった[1]。エンゲルスによるドイツ語初版への序文によれば，科学的社会主義は，その古典哲学が

弁証法の伝統を保持していたドイツにおいてのみ成立することができた[2]。唯物史観をプロレタリアートとブルジョアジーの階級闘争に適用することは，弁証法を媒介としてのみ可能であった[3]。本章は主として『空想から科学への社会主義の発展』に着目して，社会主義思想の特質を究明するものである。

1　空想的社会主義

　近代の社会主義は18世紀フランス啓蒙思想を継受している[4]。この思想は迷信・不正・特権・抑圧を永遠の真理，正義，自然にもとづく平等，譲渡しえない人権がおしのけるべきであるとしていた[5]。しかし，たとえばジャン゠ジャック゠ルソーの社会契約は，ブルジョア的民主共和国にすぎなかった。

　エンゲルスは近代的プロレタリアートの先駆者として，農奴制の廃止などを要求するドイツ農民戦争（1524–1525年）を指導して処刑されたトマス゠ミュンツァー，イギリス革命における真正水平派，フランス革命のさいに私有財産の廃止をとなえ，経済統制廃止・自由貿易推進などのブルジョア的施策をとる5名の総裁からなる総裁政府の転覆を計画して処刑されたフランソワ゠ノエル゠バブーフをあげている[6]。また，おなじく先駆的な理論として，16世紀イギリスのトマス゠モアと17世紀イタリアのトマソ゠カンパネッラによるユートピア思想，18世紀フランスのモレリーとガブリエル゠ボノ゠ドゥ゠マブリーの共産主義理論を指摘している。

　イギリス革命は王党派と議会派の内戦によってうまれた。後者を主として構成したのは，貴族の一部などを支持層として国王との和解をのぞんだ長老派と，独立自営農民（ヨーマン）などを支持層として制限選挙による共和制を主張した独立派と，一般兵士の支持をえて男性普通選挙にもとづく共和制をとなえた水平派である。真正水平派とは，ジェラード゠ウィンスタンリを指導者とする貧農の集団であり，ディガーズとも呼称された。かれらは1649年4月にサリ州で共有地の耕作を開始した[7]。その目的は大地を，富者と貧者をふくむすべてのひとびとの共同の宝庫とすることにあった[8]。水平派は所有権の廃止を主

張しなかったけれども，真正水平派は，土地をもたない貧者が共有地を自由に耕作することができて，はじめてイギリスが自由な国家となるとかんがえた [9]。1650 年 4 月にウィンスタンリたちは荘園領主の弾圧をうけて，ディガーズの運動は壊滅した。

　カンパネッラはイタリアのカラブリア州でうまれた。同地をスペイン王の支配から解放して共和国を樹立することをめざして蜂起しようとしたけれども失敗し，1602 年に獄中で『太陽の都』を執筆した。太陽の都は赤道直下に設定されている [10]。そこで住民を統治しているのは「太陽」という聖職者・形而上学者である [11]。その補佐役として，戦争・和平・軍略をつかさどる「力」と，あらゆる学問を管轄する「知恵」と，生殖をつかさどって立派な種族をうみだすように男女を結合させる「愛」という副統治者が存在する [12]。太陽の都では，あらゆるものが共有になっていて，分配は役人がおこない，食料だけでなく学問も栄誉も娯楽も共有で，個人が専有しえないようになっている [13]。太陽市民によれば，所有権とは，自分だけの家屋をつくり，自分の妻子をもつことから生じ，そこから利己心がうまれる。息子を資産家や高官にしようとして，権勢家は貪欲に公共のものを横領するようになり，無力なものは吝嗇家や詐欺師や偽善者になる。しかるに，利己心がなくなれば，公共への愛だけがのこる。

　モレリーの『自然の法典』（1755 年）によれば，財産の分割と私的所有こそが最悪の災厄の原因であった [14]。かれは，人類全体に不可分に所属すべき土地を不当にも所有地とすることによって，あらゆる社会性の最初の紐帯を切断した立法者を批判した。そのうえで，社会の欠陥と悪弊を根絶するために，神聖不可侵の基本法として，以下の 3 か条を制定することを構想した [15]。

①　社会にあるものは，現在使用するものをのぞけば，だれのものにもならない。
②　全市民は，食料と生活必需品と仕事を公費で付与される公人となる。
③　全市民は，自分の体力・才能・年齢に応じて公益のために貢献する。

マブリーは『市民の権利と義務』（1758年執筆，1789年公刊）において，全員が平等・自由にして兄弟のような共和国を，すなわち個人としてなにも所有しないことが第一の法律であるような共和国を，無人島に建設することを夢想している[16]。そこで，ひとびとは労働の成果を公共の倉庫に搬入する。それが国庫であり，各市民の財産となる。毎年，家長が財務官を選出し，財務官が各個人の生活必需品の分配を決定し，共同体の必要とする仕事をわりあて，国家の健全な習俗の維持につとめる。私的所有は労働への嗜好と熱意を喚起するけれども，栄誉や敬意にたいする愛も貪欲におとらず，労働の積極的な動機となるはずであった[17]。田畑を肥沃にする農夫，丈夫にして多産な羊の群を飼育する牧羊者，疲労にも悪天候にもたえうる鍛錬された漁師，苦労をいとわずに労働する職工，家事に専念する女性，人類の義務を家族に注意ぶかくおしえる父親，すなおに教育をうけて父親の美徳をまねることに熱心な子どもに，報奨をさずける法があれば，人類はけだかくなり，容易に幸福を発見するであろう[18]。しかるに，貪欲・傲慢・安楽は，幸福を約束するものではなかった。

これらの先駆的な理論家につづいたのが，3名の「偉大な」空想的社会主義者アンリ＝ドゥ＝サン＝シモン，シャルル＝フーリエ，ロバート＝オウエンであった。かれらが登場した18世紀末から19世紀初頭は資本主義的生産様式も，ブルジョアジーとプロレタリアートの対立も未発達であった[19]。そこからうまれるのは，未熟な理論であった[20]。すなわち，社会制度のあたらしい完全な体系を考案して，宣伝と模範的実験を通じて社会におしつけることが必要であった。したがって，こうした体系は空想の産物になる運命にあった。

サン＝シモンは『産業者の教理問答』（1823年）において，産業者（農業者・製造業者・商業者）がすべての階級の最下位におかれていることを批判する[21]。かれは平和的手段（議論・論証・説得）によって公共財産の管理を貴族・軍人・法律家・不労所得者・役人から産業者の手にうつすべきであるとかんがえた[22]。そのために，国王が財政最高委員会を創設して，それを産業者に構成させ，公共財産の高度の管理をゆだねることを提案している[23]。

フーリエは『産業的・協同社会的な新世界』（1829年）のなかで，虚言と

嫌悪感をもよおす産業が支配する文明状態たる転倒した世界を，協同社会状態すなわち真理と魅力的産業のうえに構築されるただしい世界に変革しようとしている[24]。後者は家事，農業，製造業，商業，教育，科学・芸術の研究・応用を共同でおこなう 1,800 人程度のひとびとからなる「ファランジュ」という機構を基礎とするものであって，農業の分散細分化と商業の虚偽性に依拠する文明とは無縁のものであった[25]。

　オウエンはアメリカ合衆国インディアナ州に「ニューハーモニー平等共同体」を建設した。それはジョージ゠ラップとその信徒が宗教的迫害をうけたドイツを出国して形成した「ハーモニー」という共同体を原型とするものであり，かれらは神の国における純粋な共産主義的生活を実践しようとしていた[26]。かれらはほかの場所に移住するさい，そこにあった動産と不動産を売却した。それを購入したのがオウエンであり，理由はイギリスよりも安価な土地と共同体運営に必要な設備をそなえた好適な物件だったことにある[27]。1826 年に制定されたこの共同体の憲法は「人間の平等な権利という原理に反する私有財産制が存在し，競争と対立，嫉妬と不和，浪費と貧困，暴政と屈従によって存続するのをみてきた」ので「財産共有の原理に復帰する」と宣言している[28]。オウエンは自治をめざして土地・住宅・多額の資金を提供したけれども，事前に教育をうけていない多数の未経験者を結束させ，共同の利益のための大規模な作業をおこなわせ，家族のように共同生活をさせる企図は時期尚早であったことに気づいた[29]。そこでは，かれのとなえた社会制度の原理に背馳して独占的事業を開始したり，競争制度によって雑貨店や酒屋を経営したりするひとびとがいた。1828 年にオウエンはイギリスに帰国した。

　サン゠シモン，フーリエ，オウエンとことなって，社会主義を空想から科学にするには，それを実在的な基盤のうえにすえる必要があった[30]。

2　唯物史観

　18 世紀のフランス哲学につづいて近代のドイツ哲学がうまれ，ゲオルク゠

ヴィルヘルム゠フリードリヒ゠ヘーゲルがそれを完結した[31]。その最大の功績は，弁証法をふたたび採用したことである。古代ギリシアの哲学者はことごとく，うまれながらの弁証家であった。たとえば，ヘラクレイトスは「万物は流転する[32]」とみなした[33]。しかるに「知は力なり[34]」という文言で有名なフランシス゠ベイコンやジョン゠ロックの形而上学は，個々のものにとらわれて，それらの連関をわすれ，木をみて森をみないものであった[35]。それにたいして，弁証法は事物とその概念による模写を，それらの連関・連鎖・運動・生成・消滅においてとらえる[36]。ヘーゲルは自然的・歴史的・精神的世界の全体を，不断の運動・変化・転形・発展のうちにあるものとして叙述した[37]。しかし，かれは頭脳のなかの思想を現実の事物や過程の抽象的な模写とせずに，事実やその発展を理念の現実化した模写とかんがえた。エンゲルスによれば，こうしたドイツ観念論はまちがっていて，唯物論がただしかった[38]。

　1830年代後半からイギリスの労働者は男性普通選挙権などを要求する人民憲章を発表してチャーティスト運動をおこした。大工業とブルジョアジーによる政治的支配の発展が，プロレタリアートとブルジョアジーの階級闘争をうみだしたのである。これまでのすべての歴史は，階級闘争の歴史であった[39]。たがいにたたかう社会諸階級は，経済的諸関係の産物であった。社会における経済構造が現実の土台を形成し，法的・政治的諸制度や宗教的・哲学的諸見解からなる上部構造の全体は，その土台から説明すべきものであった。ヘーゲルの歴史観は形而上学的ではなくて弁証法的であったけれども，観念論的であった。エンゲルスによれば，唯物論的な歴史観が必要であった。すなわち，人間の存在をその意識から説明するのではなくて，その逆でなければならなかった。

　したがって，社会主義は，天才的な頭脳による偶然的な発見物ではなくて，歴史的に成立した2つの階級であるプロレタリアートとブルジョアジーの闘争の必然的な産物となった。その課題は，資本主義的生産様式をその歴史的連関のなかで叙述することと，その生産様式の内的性格を暴露することである[40]。この暴露は，剰余価値の発見によって可能となった。それが証明したのは，不払労働の取得が資本主義的生産様式と労働者の搾取の基本形態である

ことと，資本家が労働者の労働力から自分のしはらうよりもおおくの価値をひ
きだすことと，剰余価値の形成する価値額が有産階級の資本量を蓄積する源泉
であることであった。唯物史観と，剰余価値による資本主義的生産の秘密の暴
露という「2つの偉大な発見」をしたのは，マルクスであった。それによって，
社会主義は科学になった。

3　科学的社会主義

　唯物史観は，生産と交換があらゆる社会制度の基礎であるという命題から出
発する[41]。中世には，労働者が自分の生産手段を私有することに基礎をおく
小経営が存在していた[42]。すなわち小農民の農耕や都市の手工業である。こ
れらの分散した生産手段を集積・拡大したのは，資本主義的生産様式とブルジ
ョアジーであって，15世紀以降，単純協業・マニュファクチュア（工場制手
工業）・大工業という3段階を通じておこなった[43]。工場はばらばらの小生産
者よりも安価に生産し，個人的生産が敗退した[44]。こうして生産物を社会的
に生産するようになったにもかかわらず，それを取得するのは労働者ではなく
て資本家であった[45]。小規模な個人的生産者は，その生産手段や生産物が無
価値になり，資本家に賃金で雇用される[46]。そこから，プロレタリアートと
ブルジョアジーの対立が生じた。

　ある産業部門が資本主義的生産様式を導入すると，旧来の手工業を滅亡させ，
労働分野は戦場となった[47]。大航海時代は販路を拡大し，手工業をマニュフ
ァクチュアに転化した。個々の地方的生産者の闘争は，国家間の戦争に発展し
た。たとえば，イギリスは17世紀オランダに，18世紀フランスに，それぞ
れ勝利し，広大な海外市場を確保した。大工業と世界市場の形成が，戦争を激
化させた。

　産業資本家は，没落したくなければ，自分の機械をさらに改良しなければな
らなかった[48]。機械の導入・増加は手作業労働者を，機械の改良は機械労働
者を，それぞれ駆逐した。そこから，産業予備軍がうまれた。かれらは好況期

に雇用されるけれども，恐慌になると解雇される，労賃を低水準におさえるための調節器であった。そこでは，あるひとびとの過度の労働が，ほかのひとびとの失業をもたらした。

大工業は新規の消費者をもとめて全世界をかけめぐり，国内では大衆の消費を最低限に制限し，市場をうしなった。その結果，恐慌が発生した[49]。すなわち，交易は停滞し，市場は供給過多となり，生産物は市場性をうしない，現金は流通しなくなり，信用は消滅し，工場は運転を停止し，労働者大衆は生活手段を欠如させ，破産と強制競売がつづいた[50]。恐慌は，ブルジョアジーが近代的生産力を管理する能力をもたないことを暴露した[51]。大規模な生産施設や交通通信施設は，株式会社に，トラスト（企業合同）に，国家的所有に転化する。それはブルジョアジーが不要であることの証左となろう。

その後，プロレタリアートは国家権力を掌握し，生産手段を国家的所有に転化する[52]。国家とは，搾取階級が被搾取階級を強制的に抑圧するための組織であった。たとえば，古代の奴隷所有者，中世の封建貴族，近代のブルジョアジーの国家は，そうであった[53]。しかるに，国家が真に全社会の代表者として出現すれば，すなわち社会の名において生産手段を掌握すれば，やがて「死滅」する[54]。社会が生産手段を取得すれば，支配階級や政治的代表者の奢侈的浪費がなくなり，大量の生産手段と生産物を全社会のために利用しうるようになる[55]。その結果，社会の全員が物質的に充足して，その肉体的・精神的素質を自由に発展させる生活が可能になる[56]。同時に，社会的生産が計画的・意識的におこなわれる。それによって，人間を圧倒してきた生活条件を，人間が支配・統制する。人間は自分の歴史を自分で創造するようになる。それは，必然の国から自由の国への人類の飛躍を意味する。

こうした世界解放の事業を遂行することが，近代プロレタリアートの歴史的使命であった[57]。その事業の歴史的条件と本質を究明して，被抑圧階級にみずからの行動の条件と本質を意識させることが，プロレタリア運動の理論的表現である科学的社会主義の任務であった。

おわりに

　マルクス・エンゲルスの社会主義思想を継承したウラジーミル゠レーニンは1917 年にロシア革命を成功させ，1922 年にソヴィエト社会主義共和国連邦を形成した。ソ連共産党書記長のヨシフ゠スターリンは第二次世界大戦中から，東欧諸国に親ソ政権を樹立させて自国の安全保障を確保しようとしたため，戦後に冷戦が激化した。1991 年には，東欧社会主義圏が消滅し，ソ連が解体した。冷戦の終結後，資本主義が世界中に拡大し，ヒト・モノ・資本・情報の移動が国境をこえて活発化するグローバリゼーションが生じた。それによって貧富の格差がいっそう拡大しつつある現在「体制としての社会主義」ではなくて「理念としての社会主義」には [58]，なおまなぶ点がおおいようにおもわれる。

1) Marx, Karl, "[Vorbemerkung zur französischen Ausgabe (1880)]," Institut für Marxismus-Leninismus beim ZK der SED, *Karl Marx Friedrich Engels Werke,* Bd. XIX (Berlin : Dietz, 1962), S. 185. 寺沢恒信訳「〔フランス語版（1880 年）へのまえがき〕」大内兵衛・細川嘉六監訳『マルクス゠エンゲルス全集第 19 巻』（大月書店，1968 年）183 頁。

2) Engels, Friedrich, "Vorwort zur ersten Auflage [in deutscher Sprache (1882)]," ebenda, S. 187. 寺沢恒信訳「〔ドイツ語初版（1882 年）〕への序文」同上 185 頁。

3) Ebenda, S. 187-188.

4) Ders., *Die Entwicklung des Sozialismus von der Utopie zur Wissenschaft,* ebenda, S. 189. 寺沢恒信・村田陽一訳『空想から科学への社会主義の発展』同上 186 頁。

5) Ebenda, S. 190. 187 頁。

6) Ebenda, S. 191. 188 頁。

7) 田村秀夫『イギリス・ユートウピアの原型：トマス・モアとウィンスタンリ』（中央大学出版部，増補版 1978 年）201 頁。

8) Winstanley, Gerrard, *A Declaration to the Powers of England (The True Levellers Standard Advanced),* Thomas N. Corns, Ann Hughes and David Loewenstein ed., *The Complete Works of Gerrard Winstanley,* Vol. II (Oxford : Oxford University Press, 2009), p. 10. 加藤和敏訳「真の平等派の宣言」『自由と正義をもとめて：「ウィンスタンレーとイギリス市民革命」』（光陽出版社，1990 年）60 頁。

9) *Ibid.*, p. 13. 64 頁。

10) Campanella, Tommaso, *La città del Sole*, a cura di Luigi Firpo, 2a ed. (Roma ; Bari : Laterza, 2008), p. 3. 近藤恒一訳『太陽の都』（岩波書店，1992 年）11 頁。

11) *Ibid.*, p. 7. 17 頁。

12) *Ibid.*, pp. 7-10. 17-22 頁。

13) *Ibid.*, p. 11. 23 頁。

14) Morelly, *Code de la nature, ou, Le veritable esprit de ses lois, de tout temps négligé ou méconnu*, introduction par V. P. Volguine (Paris : Éditions sociales, 1970), p. 72. 楠本重行訳『自然の法典』野沢協・植田祐次監修『啓蒙のユートピア 2』（法政大学出版局，2008 年）430 頁。

15) *Ibid.*, pp. 127-128. 484-485 頁。

16) Mably, Gabriel Bonnot de, *Des droits et des devoirs du citoyen*, édition critique avec introduction et notes par Jean-Louis Lecercle (Paris : M. Didier, 1972), p. 111. 川合清隆訳『市民の権利と義務』（京都大学学術出版会，2014 年）119 頁。

17) *Ibid.*, pp. 111-112.

18) *Ibid.*, p. 112.

19) Engels, F., *Die Entwicklung des Sozialismus von der Utopie zur Wissenschaft*, S. 193. 寺沢・村田訳 190 頁。

20) Ebenda, S. 194. 191 頁。

21) Saint-Simon, Claude-Henri de, *Catéchisme des industriels*, 1er cahier, *Œuvres*, Tom. IV (Genève : Slatkine Reprints, 1977), p. 4. 森博訳『産業者の教理問答第 1 分冊』『サン‐シモン著作集第 5 巻』（恒星社厚生閣，1988 年）2-3 頁。

22) *Ibid.*, p. 12. 8 頁。

23) *Ibid.*, pp. 66-67. 42 頁。

24) Fourier, Charles, *Le nouveau monde industriel et sociétaire*, *Œuvres completes de Charles Fourier*, Tom. VI (Paris : Anthropos, 1966), p. 2. 田中正人訳『産業的協同社会的新世界』五島茂・坂本慶一責任編集『オウエン；サン・シモン；フーリエ』（中央公論社，1980 年）442 頁。

25) *Ibid.*, pp. 7-8. 447-450 頁。

26) 丸山武志『オウエンのユートピアと共生社会』（ミネルヴァ書房，1999 年）174-175 頁。

27) 同上 182-183 頁。

28) Lockwood, George B., *The New Harmony Movement* (New York : A. M. Kelley, 1970), p. 107. 上田千秋『オウエンとニュー・ハーモニイ』（ミネルヴァ書房，1984 年）273 頁。

29) "Address Delivered by Robert Owen at a Public Meeting of the Inhabitants of New-

Harmony, on Sunday, April 13, 1828," *The New Harmony Gazette,* Vol. III (New York : Greenwood Reprint, 1969), p. 204. Podmore, Frank, *Robert Owen : A Biography* (New York : A. M. Kelley, 1968), pp. 322-323. 上田前掲書 325 頁。

30) Engels, F., *Die Entwicklung des Sozialismus von der Utopie zur Wissenschaft,* S. 201. 寺沢・村田訳 198 頁。

31) Ebenda, S. 202.

32) Plato, *Cratyle,* 402a, texte établi et traduit par Louis Méridier, *Œuvres complètes,* Tom. V-2, 4e tirage (Paris : Les Belles lettres, 1969), p. 79. 水地宗明訳『クラテュロス』『プラトン全集 2』(岩波書店, 1974 年) 61 頁。

33) Engels, F., *Die Entwicklung des Sozialismus von der Utopie zur Wissenschaft,* S. 202-203. 寺沢・村田訳 199 頁。

34) Bacon, Francis, *Meditationes Sacræ,* James Spedding, Robert Leslie Ellis and Douglas Denon Heath ed., *The Works of Francis Bacon,* Vol. VII (Stuttgart-Bad Cannstatt : Frommann-Holzboog, 1963), p. 241. Do., *Religious Meditations, ibid.,* p. 253. 前田達郎「ベイコンの科学思想 :「知は力なり」という思想の意義」花田圭介責任編集『フランシス・ベイコン研究』(御茶の水書房, 1993 年) 197 頁。

35) Engels, F., *Die Entwicklung des Sozialismus von der Utopie zur Wissenschaft,* S. 203-204. 寺沢・村田訳 200-201 頁。

36) Ebenda, S. 205. 201 頁。

37) Ebenda, S. 206. 202 頁。

38) Ebenda, S. 207. 203 頁。

39) Ebenda, S. 208. 205 頁。

40) Ebenda, S. 209. 206 頁。

41) Ebenda, S. 210.

42) Ebenda, S. 211. 208 頁。

43) Ebenda, S. 211-212.

44) Ebenda, S. 212. 209 頁。

45) Ebenda, S. 213. 210 頁。

46) Ebenda, S. 214. 211 頁。

47) Ebenda, S. 216. 213 頁。

48) Ebenda, S. 217. 214 頁。

49) Ebenda, S. 218. 215 頁。

50) Ebenda, S. 218-219.

51) Ebenda, S. 221. 218 頁。

52）Ebenda, S. 223. 220 頁。

53）Ebenda, S. 223-224. 220-221 頁。

54）Ebenda, S. 224. 221 頁。

55）Ebenda, S. 225-226. 222-223 頁。

56）Ebenda, S. 226. 223 頁。

57）Ebenda, S. 228. 225 頁。

58）藤原保信『自由主義の再検討』『藤原保信著作集 9』（新評論，2005 年）13 頁。

[第9章]
自由主義

はじめに

　第二次世界大戦後の世界は，平和をめざして国際連合を設立したけれども，冷戦によって東西両陣営に分裂した。東側の社会主義陣営では，共産党支配の弊害が次第に露呈するようになり，1956年にソヴィエト社会主義共和国連邦でニキータ゠フルシチョフ共産党第一書記は，書記長だったヨシフ゠スターリンが反対派を大量に処刑して，かれ自身への個人崇拝を強化したことを批判した。ユダヤ人は1948年にイスラエルの建国を宣言し，反対するアラブ諸国との戦争をまねいた。植民地だったアジア・アフリカ諸国は独立していったけれども，南アフリカのようにアパルトヘイト政策を導入したところもあった。

　アイザイア゠バーリンは1909年にロシア帝国の支配下にあったラトヴィアでユダヤ人としてうまれた。同帝国の首都サンクトペテルブルクに移住したのち，1917年にロシア革命を体験した。渡英後にオックスフォード大学を卒業し，同大学の教授に就任した。『自由論』（1969年）などの著作をのこして，1997年に死去した。東西冷戦にかんするバーリンの立場は，ソ連による共産圏の拡大を阻止しようとしたアメリカ合衆国の外交官ジョージ゠ケナンにあてた手紙（1951年）にうかがうことができる。バーリンはそのなかで，ひとびとが「選択」をすることによってはじめて幸福を獲得しうるとのべるとともに，自由な選好を破壊する邪悪な体制が崩壊するまでに長期間かかることを憂慮している[1]。

　第一次世界大戦中にイギリスがバルフォア宣言によってユダヤ人のパレスチ

ナ復帰運動（シオニズム）を支援する姿勢をしめしたとき，バーリンの家族は
興奮した[2]。ハンナ゠アーレントはナチスのアドルフ゠アイヒマンがユダヤ人
を強制収容所に移送するさいにまったく「思考」していなかったことを「陳腐」
と表現したけれども[3]，バーリンはそれを否定した[4]。かれは子どもだったと
きからシオニズムを支持していた[5]。とはいえ，かれはユダヤ人にとってイス
ラエルが「自分の選択した人生をおくる権利」を付与するものであると認識し
つつ，それに全面的な忠誠をちかわせることが「あらたな隷従」をうみだす危
険を警告している[6]。本章は『自由論』に収録された「序論」『二つの自由概念』
『ジョン゠ステュアート゠ミルと人生の目的』などに着目して，自由主義の特
質を究明するものである。

1　2つの自由概念

　『二つの自由概念』とは，バーリンが1958年にオックスフォード大学でお
こなった講演を公刊したものである。その背景にあったのは，人生の目的にか
んする意見の相違であった[7]。多数の人間が狂信的に信奉された社会・政治学
説によって，その思想・生活を根本的に改変し，暴力的に転覆していた[8]。2
つの思想体系のあいだで，強制を許容しうる限界をめぐって対立が生じてい
た[9]。

　強制とは，自由をうばうことである。自由には，消極的なものと積極的なも
のが存在する[10]。消極的自由とは，他者に介入されないことであり「〜から
の自由」と呼称しうる[11]。ジョン゠ステュアート゠ミルは「その名にあたいす
る唯一の自由」とは「自分自身の幸福を自分自身の仕方で追求する自由である」
とのべている[12]。バーリンによれば，ミルたちが自由を擁護するのは，介入
を防止するという消極的な目標のためであった[13]。「〜からの自由」という消
極的自由と「〜への自由」という積極的自由の相違が，世界を支配するイデオ
ロギーの衝突をもたらしていた[14]。前者の信奉者からすれば，後者は残忍な
暴政のもっともらしい偽装にほかならなかった。

　積極的自由とは自分自身の主人であること，理性的であることを意味する。それは自己支配とも称される[15]。すなわち理性や高次の本性や，真実の理想的な自律的自我にしたがうことである。それと対置されるのが非合理的な衝動，制御しえない欲望，低次の本性にしたがって直接的な快楽の追求をおこなうことである。経験的な他律的自我は，激発する欲望や情念におしながされるものであった。積極的自由観は，他者に高次の自由をもたせるための強制を正当化することがある。また，他者を真実の自我とするために威嚇・抑圧・拷問することがある[16]。それは超越的・支配的な統制者と，経験的な欲求・情念をもつ服従すべきひとびとという，人格の二分化をもたらした[17]。

　バーリンは達成しえないものを願望しないと決心することを「内奥の砦への戦略的退却」にたとえている[18]。それはイマヌエル゠カントのように自由を欲望への抵抗・支配とみなす思想と大差なかった[19]。カントにおける自由とは，自律すなわち人倫的法則にしたがうことを意味する[20]。ジャン゠ジャック゠ルソーによれば，人間は社会状態において，人間を真にみずからの主人たらしめる道徳的自由を獲得する[21]。欲望だけにかりたてられるのは奴隷状態であり，みずから課した法にしたがうことが自由だからである。こうした観念にもとづいて他者に干渉し，その意志に反して思想統制をおこなうことは，人間を人間たらしめるものの否定にほかならなかった[22]。にもかかわらず，積極的自由のために消極的自由を排斥する見解が全世界の半分を支配していた[23]。すなわち「障害物のない境域」「自分のしたいことをなしうる空虚な場所」という消極的自由観ではなくて「自己支配」「自己統御」という積極的自由観が，ナショナリズム・マルクス主義・権威主義・全体主義の信条の核心をなしていた[24]。

　フランス革命期に恐怖政治をおこなったジャコバン派や共産主義者の想定によれば，わたくしたちは貧弱・無分別な欲望に支配された情熱的・経験的な自我が反抗しても，真の本性の理性的な目的を一致させなければならない[25]。自由とは非理性的にして愚昧な悪事をすることではない。経験的な自我をただしい鋳型におしこめることは，暴政ではなくて解放である。カントによれば，

人民は国家を構成するさい，不法・無法状態の自由を放棄することによって，すなわちある法に服従することによって，自分の自由を再発見する[26]。こうした法への服従は，立法をおこなう自分自身の意志から生じるものだからである。このように自由は権威と同一になる。

　教育のないものは非理性的・他律的であり，強制される必要がある[27]。しかし，かれらが自分たちを教育するひとの目的を理解して，それに協力するのを期待することはできなかった。したがって，ヨハン゠ゴットリープ゠フィヒテは，強制も教育であると理解した[28]。かれによれば，他律的な生活をする愚鈍な自分の真の目標を理解しえない奴隷となっているものの，人間でありたいという欲望を充足させることが，国家の目的であった[29]。理性が勝利するには，ひとを奴隷とする低次の本能・情念・欲望を除去・抑圧しなければならなかった。よい教育をうけた，理性的な，最高の見識を有するひとは，そうでないひとを理性的にするために強制をくわえてもよい。後者が前者に服従することは自分自身に服従することだからである。オーギュスト゠コントは，天文学・物理学・化学・生理学において権威あるひとびとの証明した原理を信用しないのが非常識であることは自明であるとし，それを政治学にも適用しようとした[30]。かれによれば，唯一のただしい生活が存在し，それを実践している賢者は愚者がそうした生活をするよう指導しなければならなかった[31]。

　このようにカントの厳格な個人主義が全体主義に変形した理由はなにか[32]。バーリンは自由が専制をもたらす原因は，つぎの想定にあるとかんがえた[33]。

①　すべての人間は，理性的自己支配という唯一の目的を有する。

②　あらゆる理性的存在者の目的を，1つの鋳型にはめこまなければならない。

③　すべての悲劇は，理性的なものと非理性的なものの衝突のみに由来する。それは原理的に回避しうるものであって，理性的存在には生じえない。

④　すべての人間が理性的になれば，かれら自身の本性の理性的な法に服
　　従し，遵法的にして自由な存在となる。

平等・博愛を自由と混同することによって，自由主義的でない結論に到達す
ることもあった[34]。一般に抑圧された階級か民族が要求するのは，行動の自
由でも社会的か経済的な機会の平等でもなく，理性的な立法者が考案した有機
体的国家のなかにある地位をわりあてられることでもなく，かれらの階級か民
族が承認されることである[35]。解放されたアジアかアフリカの国民が自国民
によって粗野な処遇をうけても，外部からの慎重・公正・上品な善意の行政官
によって統治されていたときよりも不平をいうことがすくないのは，こうした
理由による[36]。そこでは，独立した地位と承認への欲求を自由への欲求と混
同することによって，独裁者の権威に従属しながら自由であると主張すること
が可能になる[37]。

このように自分か自分たちが統治したいという願望には，積極的自由の要素
がみられる[38]。自由のために闘争したひとびとは一般に，自分自身か自分の
代表が統治するためにしたのであって，それがほとんど個人的自由をともなわ
ない峻厳な統治であってもかまわなかった[39]。また，革命家は自由を，ある
教義の信奉者の一派か一階級による権力・権威の奪取ととらえた。かれらは大
多数の人間を抑圧して隷従あるいは絶滅させても，かれらに反抗するものの真
実の自我はかれらと同一の理想を追求しているはずであるとみなす[40]。かれ
らは人間の願望の多様性を許容しなかった[41]。

フランス革命は，国民としての解放を感じたフランス人の総体において集団
的自己支配という積極的自由への欲求が爆発したものであった。ルソーは社会
の全成員に公権力を共有させ，あらゆる市民生活に介入する権利を付与しよう
とした。しかるに，19世紀の自由主義者はこうした積極的自由が消極的自由を，
すなわち人民の主権が個々人の主権を，破壊することを予測していた。ミルは
「多数者の暴政」すなわち個人の魂を奴隷にする支配的な世論・感情を憂慮し
た[42]。バンジャマン゠コンスタンは「人民の統治は激動する暴政にすぎない」

とのべている [43]。かれはルソーを個人的自由のもっとも危険な敵とみなした [44]。ルソーは社会契約によって「各人が万人に自分をあたえるので，だれにも自分をあたえないことになる」と宣言したからである [45]。コンスタンは万人が至高の存在となれば，その成員を抑圧することを懸念した [46]。ミルやコンスタンやアレクシ゠ドゥ゠トクヴィルによれば，社会が自由であるためには，つぎの2つの原理が支配していなければならなかった [47]。

① 　いかなる権力が支配しようと，すべての人間は非人間的な行為を拒否する絶対的な権利を有する。

② 　人間の不可侵の境界線は，人為的にではなくて，長期かつ広範に受容された規則にしたがって画定されたものである。それが正常な人間と非人間的な狂気の行動を区分する。

　非人間的な狂気の行動とは，ひとに裁判なく有罪を宣告するか，反動的な法律によって罰すること，子どもがその両親を告発するようにしたり，友人同士がたがいに背信するようにしたり，兵士が残忍な方法を使用するようにしたりすること，ひとを拷問あるいは殺害するか，少数者を虐殺することである。

　消極的自由の信奉者は権威を抑圧しようとするのにたいして，積極的自由の信奉者は権威を掌握しようとする [48]。それは人生の目的にたいする2つのまったくことなる和解させがたい態度であった。消極的自由と積極的自由は歴史的にも道徳的にも同等の権利をもつ究極的な価値であった。

　プラトンからカール゠マルクスにいたる合理主義的形而上学者にとって，一切の矛盾を調停する最終的調和という観念を放棄することは，粗野な経験主義であり，理性の破綻にほかならなかった [49]。バーリンは，自己完成という理想を道徳的か知的に邪悪なものとみなしたわけではない [50]。また，もっとも強力にして道徳的にただしい公衆の運動に生気をあたえている国民的か社会的な自己支配の要求の核心に，積極的自由という観念をみいだしている。けれども，かれによれば，人間の目的のすべてを調和的に実現しうる唯一の定式は，

原理的に発見しえないものであった。人間の目的は多数であって，そのすべて
が相互に矛盾しないということはありえない。したがって，衝突・悲劇の可能
性を，人間の生活から完全に除去することもありえない。バーリンによれば，
消極的自由は，権威主義的構造のなかでもろもろの階級か人民か全人類による
積極的な自己支配の理想を追求するひとびとの目標よりも真実の，人間味のあ
る理想であった [51]。人間の目標は多数であって，そのすべてを同一単位で測
定することは不可能であった。人間は究極的な諸価値のあいだで選択をおこな
うものである [52]。「自己の確信の正当性が相対的であることを自覚し，しかも
なおそれを断固として表明すること [53]」が重要であった。それ以上の要求に
実践の指導をゆだねることは，危険な道徳的・政治的未成熟の兆候であった。

2　ミルと人生の目的

『ジョン゠ステュアート゠ミルと人生の目的』とは，バーリンが 1959 年にロ
ンドンでおこなった講演を公刊したものである。この講演は「寛容」を主題と
するものであった [54]。同年はミルの『自由論』が出版されてから 100 年目に
あたる。

ミルは父ジェイムズ゠ミルの英才教育によって，自分に感情が完全に欠如し
ているのではないかと苦悩したけれども，やがてそうではないことを確信し，
回復にむかった [55]。その後，かれは父ミルからおそわった人生観に反抗する
ようになった。すなわち合理性でも満足でもなくて，多様性，変化，充実した
生活を重視するようになった。ジェレミ゠ベンサムや父ミルは快楽のみを追求
し，教育と立法が幸福への大道であると信じていた [56]。しかし，ミルによれば，
人間がほかの動物とことなるのは，理性を所有することでも道具を発明するこ
とでもなくて，自分自身の仕方で目的を追求することに存するのであって，そ
れが多様になればなるほど，ますます人生はゆたかになる。

ミルは既存の体制に反逆する，少数意見をもつ独立した孤独な思想家をこの
んだ [57]。かれが専念したのは個人の自由を，とくに言論の自由を拡大するこ

とであった [58]。ミルはアメリカ南北戦争において奴隷制度の拡大をめざす南部を非難し，アイルランド革命秘密結社フィーニアンを弁護し，女性か労働者か植民地住民の権利を主張した。そこには，自由と正義を功利よりも重視する姿勢がうかがえる。かれは比例代表制を支持して少数意見を擁護しようとした。ミルが公的生活において最高の価値をおいたのは，個人の自由，多様性，正義であった [59]。それは，社会問題にかんする最終的な回答を科学的に発見しうるとする伝統的な功利主義と対立する [60]。かれはそうした立場から，コントを批判した。

　ミルが感知していたのは，大多数のひとたちが「小心にして勤勉な動物の群 [61]」となって「集団的凡庸 [62]」が独創性と個人的才能を次第に窒息させる社会が，博愛・デモクラシー・平等という美名のもとにうまれつつあるということであった [63]。そうした状況において，かれは人間の生活と性格の多様性を希求し，おそるべき社会の圧力から個人を保護するために寛容を要求した [64]。ミルによれば，自分とことなる意見にたいして議論・攻撃・拒否・非難するのはよい [65]。しかし，抑圧するか沈黙させることをしてはならなかった。それは善も悪も破壊し，集団的な精神的・知的自殺をもたらすからである。もっとも，人生の真の目的を発見しうるならば，その真理に反対するひとびとは有毒な虚偽を拡散するので，かれらを抑圧しなければならないという主張も存在した [66]。それにたいして，ミルは人間が無謬ではなくて，有害とおもわれている見解もやがて真理とみなされるかもしれないとかんがえた。かれは人間が自発的なものであって，選択の自由を有し，自分自身の性格を形成するものであると信じていた [67]。こうした信条は，ベンサムや父ミルの学説とことなって，妥当性と人間性を具備していた。

　ミルが真にもとめていたのは，意見の多様性であった [68]。バーリンによれば，人類がだれかの行動に介入しうるのは自己防衛すなわち他者にたいする危害を防止するときだけであるというミルの信仰告白は [69]，政治的自由主義の究極的な基礎であった [70]。かれは人間が誤謬をおかしやすいことを，その自己改善の能力の帰結ととらえた [71]。ミルが希求したのは，多様性と個性であっ

た⁷²⁾。人類は，各人がよいとおもう人生をたがいに許容するほうが，他者が
よいとおもう人生を強制されるよりも，おおきな利益を獲得する⁷³⁾。

　ミルはデモクラシーを唯一のただしい政治形態であると同時に，潜在的には
もっとも抑圧的なものとみなした⁷⁴⁾。トクヴィルがアメリカにおけるデモク
ラシーの道徳的・知的結果を悲観したことに，ミルも同意していた⁷⁵⁾。それ
にたいする唯一の解決法はデモクラシーをいっそう促進して，おおくのひとび
とを独立・抵抗・勇気にむけて教育することであった。かれは大衆をエリート
のように教育しうるし，教育をうければ選択をおこなう資格をうると信じて，
教育と自由の双方を要求した⁷⁶⁾。

　ミルはヨーロッパにおいて意見の相違が寛容・多様性・人間性をうみだした
とかんがえた⁷⁷⁾。かれが人間を「委縮させ矮小にし⁷⁸⁾」「その発展を阻害す
る⁷⁹⁾」信条と生活様式の危険性を指摘したことは，現代の大衆文化における
人間性の喪失を予見したものといえよう⁸⁰⁾。また，ミルが 20 世紀にアパルト
ヘイトを経験したらトマス゠カーライルとことなる態度をとったであろうと推
断しうることは，黒人差別にたいするミルのすぐれた洞察を証明しているとい
えよう⁸¹⁾。1865 年にイギリス領だったジャマイカで黒人を弾圧した総督を，
国会議員だったミルが弾劾したのにたいして，カーライルは擁護した⁸²⁾。

　ミルの信念によれば，人間をほかの生物と区別するのは，理性的思考でも自
然にたいする支配でもなくて，選択・実験する自由であった⁸³⁾。かれは多数
者をおそれていたけれども，権威主義的傾向を有して理性的なエリートの支配
を支持したと非難してはならなかった⁸⁴⁾。

3　積極的自由と消極的自由の対照

　バーリンが『二つの自由概念』を最初に公刊したのは 1958 年であった。そ
の後，同論文への批判に応答する「序論」を付して『自由論』を出版したのは
1969 年であった。

　この「序論」によれば，バーリンが使用する自由ということばの意味は，欲

求不満がないことではなくて——それは欲望を抑制することによっても獲得しえよう——，可能な選択と活動に障害がないことであった[85]。もっとも，それは行動する機会であって，行動それ自体ではなかった[86]。

　積極的自由と消極的自由の出発点は，それほど論理的に懸隔していない[87]。ところが，前者は自由の理論として開始したにもかかわらず，権威・抑圧の理論に変化した[88]。バーリンは消極的自由観にもとづいて，社会進化論を弁護したわけではない[89]。むしろ，無制限の自由放任主義が消極的自由や基本的人権を侵害することを指摘していた[90]。国家が個人の積極的自由とすくなくとも最小限の消極的自由を保障するために干渉することは，圧倒的に支持されている。かれがめざしたのは，ある程度の平等な物質的福祉が保障された個人が自由な選択によって自己形成をなしうるような社会であった[91]。

　積極的自由は妥当にして普遍的な目標である[92]。にもかかわらず，権威の崇拝に濫用された。それはもっともありふれた憂鬱な現象であった。しかるに，消極的自由は積極的自由ほど，理論家がしばしば効果的に歪曲して本来の意味とことなるものとしたわけではなかった。意見の相違を誤謬と悪徳の兆候とみる社会では政党制か，与党の指名した候補者以外に投票する権利のような選択の機会は無用となる[93]。画一性，大勢順応，生活の機械化は現代においても，なお継続している。もっとも，バーリンはすべての国で普通教育の画一的な制度を導入することをのぞんだ[94]。平等な教育をとおして自由な選択の機会を多数の子どもに提供しなければならないとかんがえたからである[95]。かれは積極的自由について，その本来の意味を歪曲して恣意的に濫用したことを批判した[96]。消極的自由も積極的自由も「品位ある生存のために本質的に必要なもの」であった[97]。かれにとって，自由とは，積極的自由でさえ，選択することであって，必然性を承認することではなかった[98]。

　『二つの自由概念』は積極的自由にたいして消極的自由を無条件に弁護したものとひろく理解された[99]。しかし，それは究極的な目的が両立しがたいことを認識したうえでの多元論を，競合する主張のうち１つをのぞいてすべて抹殺することで問題を解決しようとする無慈悲な一元論にたいして，弁護した

ものであった。バーリンは消極的自由を完全に是認することに，それこそが不
寛容な一元論になるため反対した。

おわりに

　冷戦の文脈において，自由主義とはアメリカを中心とする西側陣営のイデオ
ロギーであり，ソ連など東側陣営の共産主義イデオロギーと対比してもちいら
れる。バーリンは，前者における消極的自由を，多元論の観点から擁護しつつ，
後者のなかに積極的自由をみいだし，その一元論を批判した。

　冷戦終結後，東欧社会主義圏の消滅やソ連の解体によって，国家間紛争は減
少したけれども，国際的テロ活動が増加するようになった。2001 年 9 月 11
日のアメリカ同時多発テロ事件は，それを象徴するものであった。同事件の翌
月に公刊されたバーリンの遺稿における「共感しないか完全に理解するわけで
ないひとびとと妥協することが，品位ある社会には不可欠である[100]」という
指摘は，対テロ戦争の開始後もテロが発生しつづけてきたなかで，なお重要で
あるようにおもわれる。ユダヤ人としてうまれてロシア革命を体験したバーリ
ンは，ナチズムとスターリニズムのような「理想の追求」を回避しようとし
た[101]。すなわち絶望的な状況と我慢しえない選択を阻止する不安定な均衡状
態を維持して，品位ある社会を創出しようとした[102]。

1)　Berlin, Isaiah, "A Letter to George Kennan," Henry Hardy ed., *Liberty* (Oxford : Oxford University Press, 2013), pp. 342-343. 小田川大典訳「ジョージ・ケナンへの手紙」『思想』第 1166 号（2021 年）89-90 頁。

2)　Ignatieff, Michael, *Isaiah Berlin : A Life* (London : Chatto & Windus, 1998), p. 27. 石塚雅彦・藤田雄二訳『アイザイア・バーリン』（みすず書房，2004 年）29 頁。

3)　Arendt, Hannah, *Eichmann in Jerusalem : A Report on the Banality of Evil* (New York, N.Y. : Penguin Books, 2006), pp. 287-288. 大久保和郎訳『エルサレムのアイヒマン：悪の陳腐さについての報告』（みすず書房，新版 2017 年）395 頁。

4) Jahanbegloo, Ramin, *Conversations with Isaiah Berlin* (London : Halban, 1992), p. 84. 河合秀和訳『ある思想史家の回想：アイザィア・バーリンとの対話』（みすず書房，1993 年）129 頁。

5) *Ibid.*, p. 85.

6) Berlin, I., "Jewish Slavery and Emancipation," Henry Hardy ed., *The Power of Ideas*, 2nd ed. (Princeton : Princeton University Press, 2013), pp. 219, 222. 森達也『思想の政治学：アイザィア・バーリン研究』（早稲田大学出版部，2018 年）229 頁。

7) Berlin, I., *Two Concepts of Liberty*, H. Hardy ed., *Liberty*, p. 166. 生松敬三訳『二つの自由概念』『自由論』（みすず書房，新装版 2018 年）297 頁。

8) *Ibid.*, p. 167. 298 頁。

9) *Ibid.*, p. 168. 302 頁。

10) *Ibid.*, p. 169. 303-304 頁。

11) *Ibid.*, pp. 170, 174. 306, 311 頁。

12) Mill, John Stuart, *On Liberty* (1859), John M. Robson ed., *Collected Works of John Stuart Mill*, Vol. XVIII (Toronto : University of Toronto Press, London : Routledge & Kegan Paul, 1977), p. 226. 関口正司訳『自由論』（岩波書店，2020 年）34 頁。

13) Berlin, I., *Two Concepts of Liberty*, p. 174. 生松訳 312 頁。

14) *Ibid.*, p. 178. 317 頁。

15) *Ibid.*, p. 179. 320 頁。

16) *Ibid.*, p. 180. 322 頁。

17) *Ibid.*, p. 181. 324 頁。

18) *Ibid.*, p. 182. 326 頁。

19) *Ibid.*, p. 183. 327 頁。

20) Kant, Immanuel, *Grundlegung zur Metaphysik der Sitten, Kant's gesammelte Schriften*, herausgegeben von der Königlich Preußischen Akademie der Wissenschaften, Bd. IV (Berlin : G. Reimer, 1911), S. 446-447. 平田俊博訳『人倫の形而上学の基礎づけ』『カント全集 7』（岩波書店，2000 年）91 頁。

21) Rousseau, Jean-Jacques, *Du contrat social, ou, principes du droit politique, Œuvres complètes III*, édition publiée sous la direction de Bernard Gagnebin et Marcel Raymond ([Paris] : Gallimard, 1964), p. 365. 作田啓一訳『社会契約論』『ルソー全集第 5 巻』（白水社，1979 年）126 頁。

22) Berlin, I., *Two Concepts of Liberty*, p. 184. 生松訳 330-331 頁。

23) *Ibid.*, p. 187. 335 頁。

24) *Ibid.*, pp. 190-191. 341 頁。

25) *Ibid.*, p. 194. 347 頁。

26) Kant, I., *Die Metaphysik der Sitten, Kant's gesammelte Schriften,* herausgegeben von der Königlich Preußischen Akademie der Wissenschaften, Bd. VI (Berlin : G. Reimer, 1961), S. 315-316. 樽井正義・池尾恭一訳『人倫の形而上学』『カント全集 11』（岩波書店, 2002 年）158 頁。

27) Berlin, I., *Two Concepts of Liberty*, p. 195. 生松訳 350 頁。

28) Fichte, Johann Gottlieb, „Excurse zur Staatslehre (1813)," *Johann Gottlieb Fichte's sämmtliche Werke*, herausgegeben von J. H. Fichte, Bd. VII (Berlin : Walter de Gruyter, 1965), S. 574. 菅野健・杉田孝夫訳「国家論への付録」『フィヒテ全集第 16 巻』（哲書房, 2013 年）433 頁。

29) Berlin, I., *Two Concepts of Liberty,* p. 196. 生松訳 351 頁。

30) Comte, Auguste, *Plan des travaux scientifiques nécessaires pour réorganizer la société* (1822), *Appendice général du système de politique positive, Système de politique positive, ou, Traité de sociologie,* Tome IV (1854), *Œuvres d'Auguste Comte,* Tome X (Paris : Éditions Anthropos, 1970), p. 53. 杉本隆司訳『社会再組織のための科学的研究プラン』『ソシオロジーの起源へ』（白水社, 2013 年）100-101 頁。Mill, J. S., *Auguste Comte and Positivism* (1865), John M. Robson ed., *Collected Works of John Stuart Mill,* Vol. X (Toronto : University of Toronto Press, London : Routledge & Kegan Paul, 1969), pp. 301-302. 村井久二訳『コントと実証主義』（木鐸社, 1978 年）79 頁。

31) Berlin, I., *Two Concepts of Liberty,* pp. 197-198. 生松訳 354 頁。

32) *Ibid.*, p. 198. 355 頁。

33) *Ibid.*, p. 200. 358 頁。

34) *Ibid.*, pp. 200-201. 360 頁。

35) *Ibid.*, p. 202. 362-363 頁。

36) *Ibid.*, pp. 203-204. 365 頁。

37) *Ibid.*, p. 204. 366-367 頁。

38) *Ibid.*, p. 206. 370 頁。

39) *Ibid.*, p. 207. 372 頁。

40) *Ibid.*, pp. 207-208. 373 頁。

41) *Ibid.*, p. 208.

42) Mill, J. S., *On Liberty*, pp. 219-220. 関口訳 17-18 頁。

43) Constant, Benjamin, *Principes de politique applicables à tous les gouvernements représentatifs et particulièrement à la constitution actuelle de la France* (1815), *Œuvres complètes,* Tome IX-2 (Tübingen : Max Niemeyer Verlag, 2001), p. 685.

44) Berlin, I., *Two Concepts of Liberty*, p. 209. 生松訳 375 頁。

45) Rousseau, J.-J., *op. cit.*, p. 361. 作田訳 121 頁。

46) Berlin, I., *Two Concepts of Liberty*, p. 210. 生松訳 376-377 頁。

47) *Ibid.*, p. 211. 379 頁。

48) *Ibid.*, p. 212. 381 頁。

49) *Ibid.*, p. 213. 383 頁。

50) *Ibid.*, p. 214. 384 頁。

51) *Ibid.*, p. 216. 388-389 頁。

52) *Ibid.*, p. 217. 389 頁。

53) Schumpeter, Joseph A., *Capitalism, Socialism, and Democracy*, 3rd ed. (New York : Harper & Brothers, 1950), p. 243. 中山伊知郎・東畑精一訳『資本主義・社会主義・民主主義』(東洋経済新報社, 新装版 1995 年) 388 頁。

54) Berlin, I., *John Stuart Mill and the Ends of Life*, H. Hardy ed., *Liberty*, p. 218. 小川晃一・小池銈訳『ジョン・スチュアート・ミルと生の目的』『自由論』393 頁。泉谷周三郎・大久保正健訳『J. S. ミルと生活の諸目的』『ミル『自由論』再読』(木鐸社, 2000 年) 29 頁。

55) *Ibid.*, p. 221. 小川・小池訳 398 頁。泉谷・大久保訳 32 頁。

56) *Ibid.*, p. 222. 小川・小池訳 400 頁。泉谷・大久保訳 34 頁。

57) *Ibid.*, p. 223. 小川・小池訳 402 頁。泉谷・大久保訳 35 頁。

58) *Ibid.*, p. 224. 小川・小池訳 403 頁。泉谷・大久保訳 35-36 頁。

59) *Ibid.*, p. 226. 小川・小池訳 407 頁。泉谷・大久保訳 38 頁。

60) *Ibid.*, p. 227. 小川・小池訳 408 頁。泉谷・大久保訳 39 頁。

61) Tocqueville, Alexis de, *De la démocratie en Amérique II* (1840), *Œuvres II*, édition publiée sous la direction d'André Jardin ([Paris] : Gallimard, 1992), p. 837. 松本礼二訳『アメリカのデモクラシー第 2 巻 (下)』(岩波書店, 2008 年) 258 頁。

62) Mill, J. S., *On Liberty*, p. 268. 関口訳 148 頁。

63) Berlin, I., *John Stuart Mill and the Ends of Life*, p. 228. 小川・小池訳 410 頁。泉谷・大久保訳 40 頁。

64) *Ibid.*, pp. 228-229.

65) *Ibid.*, p. 229. 小川・小池訳 412 頁。泉谷・大久保訳 41 頁。

66) *Ibid.*, p. 231. 小川・小池訳 414 頁。泉谷・大久保訳 42 頁。

67) *Ibid.*, p. 234. 小川・小池訳 420 頁。泉谷・大久保訳 46 頁。

68) *Ibid.*, p. 235. 小川・小池訳 421 頁。泉谷・大久保訳 47 頁。

69) Mill, J. S., *On Liberty*, p. 223. 関口訳 27 頁。

70) Berlin, I., *John Stuart Mill and the Ends of Life*, p. 236. 小川・小池訳 423 頁。泉谷・大

久保訳 48 頁。

71) *Ibid.*, p. 237. 小川・小池訳 426 頁。泉谷・大久保訳 50 頁。

72) *Ibid.*, p. 239. 小川・小池訳 429 頁。泉谷・大久保訳 52 頁。

73) Mill, J. S., *On Liberty,* p. 226. 関口訳 34 頁。

74) Berlin, I., *John Stuart Mill and the Ends of Life,* p. 240. 小川・小池訳 432 頁。泉谷・大久保訳 54 頁。

75) *Ibid.*, p. 241.

76) *Ibid.*, pp. 242-243. 小川・小池訳 436 頁。泉谷・大久保訳 56 頁。

77) *Ibid.*, p. 244. 小川・小池訳 438 頁。泉谷・大久保訳 57 頁。

78) Mill, J. S., *On Liberty,* p. 265. 関口訳 140 頁。

79) Do., *Considerations on Representative Government* (1861), John M. Robson ed., *Collected Works of John Stuart Mill,* Vol. XIX (Toronto : University of Toronto Press, London : Routledge & Kegan Paul, 1977), p. 400. 関口正司訳『代議制統治論』（岩波書店，2019 年）44 頁。Do., *Autobiography* (1873), John M. Robson and Jack Stillinger ed., *Collected Works of John Stuart Mill,* Vol. I (Toronto : University of Toronto Press, London : Routledge & Kegan Paul, 1981), p. 260. 山下重一訳註『評註ミル自伝』（御茶の水書房，2003 年）348 頁。

80) Berlin, I., *John Stuart Mill and the Ends of Life,* p. 245. 小川・小池訳 440 頁。泉谷・大久保訳 58 頁。

81) *Ibid.*, p. 247. 小川・小池訳 444 頁。泉谷・大久保訳 61 頁。

82) 山下重一『J. S. ミルとジャマイカ事件』（御茶の水書房，1998 年）19 頁。

83) Berlin, I., *John Stuart Mill and the Ends of Life,* pp. 250-251. 小川・小池訳 450 頁。泉谷・大久保訳 64 頁。

84) *Ibid.*, p. 251, n. 1. 小川・小池訳 451 頁。泉谷・大久保訳 66 頁。

85) Do., "Introduction," H. Hardy ed., *Liberty,* p. 32. 小川晃一・小池銈訳「序論」『自由論』58 頁。

86) Ibid., p. 35. 63 頁。

87) Ibid., pp. 35-36. 64-65 頁。

88) Ibid., p. 37. 66 頁。

89) Ibid., pp. 37-38. 68 頁。

90) Ibid., p. 38. 68-69 頁。

91) 森前掲書 134-135 頁。

92) Berlin, I., "Introduction," p. 39. 小川・小池訳 71 頁。

93) Ibid., p. 44. 78 頁。

94) Ibid., p. 45. 81 頁。

95) Ibid., p. 46. 82 頁。

96) 山下重一（泉谷周三郎編集・解説）『J. S. ミルと I. バーリンの政治思想』（御茶の水書房，2016 年）280 頁。

97) Jahanbegloo, R., *op. cit.,* p. 41. 河合訳 67 頁。

98) Gray, John, *Isaiah Berlin : An Interpretation of His Thought*, [New ed.] (Princeton, N. J. : Princeton University Press, 2013), p. 55. 河合秀和訳『バーリンの政治哲学入門』（岩波書店，2009 年）24 頁。

99) Berlin, I., "Introduction," p. 50, n. 1. 小川・小池訳 89 頁。

100) Do., "Notes on Prejudice," *The New York Review of Books* (October 18, 2001), p. 12. Ibid., H. Hardy ed., *Liberty,* p. 346. 相良剛訳「偏見についてのメモ」『世界』第 697 号（2002 年）75 頁。

101) 濱真一郎『バーリンの自由論：多元論的リベラリズムの系譜』（勁草書房，2008 年）30 頁。

102) Berlin, I., "The Pursuit of the Ideal," Henry Hardy ed., *The Crooked Timber of Humanity : Chapters in the History of Ideas,* 2nd ed. (Princeton ; Oxford : Princeton University Press, 2013), p. 18. 河合秀和訳「理想の追求」『理想の追求』（岩波書店, 1992 年）25-26 頁。

国際政治のなかの日本

第10章

平　和

はじめに

　プロイセンの国王フリードリヒ2世（在位1740–1786年）はフランス啓蒙思想を継受して，宗教寛容策をとり，国民の福祉を向上させようとした。同国では市民層の成長が十分でなかったため，君主が主導して改革を推進する啓蒙専制主義を採用した。フリードリヒ2世は啓蒙専制君主の典型とされている。

　ポーランドでは16世紀にヤゲウォ朝が断絶したあと，選挙王制のもとで貴族間の対立が生じ，隣国の干渉をまねいた。プロイセン・オーストリア・ロシアは1795年までにポーランドを分割して，その領土を奪取した。同年，ポーランドは消滅し，その状態は第一次世界大戦後までつづいた。

　1793年にフランスで国王ルイ16世が処刑されたあと，革命がイギリスに波及することを警戒したウィリアム゠ピット首相は第1回対仏大同盟を結成した。参加国はイギリスのほかオーストリア・プロイセン・スペイン・オランダなどであり，1797年まで継続した。その間の1795年にプロイセンがフランスとスイスのバーゼルで講和条約を締結した。その秘密条項は，プロイセンがフランスにライン左岸を譲渡するかわりに，フランスがプロイセンに同右岸を補償することをさだめていた[1]。

　イマヌエル゠カントは1724年にプロイセンのケーニヒスベルク（現ロシア領カリーニングラード）で誕生した。1740年にケーニヒスベルク大学に入学し，哲学等をまなんだ。1770年に同大学教授となり，1786年から総長をつとめた。1795年に『永遠平和のために』を出版し，1804年に死去した。本章は主と

して『永遠平和のために』にもとづいて，平和について討究するものである。
同書はシャルル゠イレネ゠カステル（サン゠ピエールの神父）『ヨーロッパに永
遠平和をもたらすための計画』（1713 年）から「永遠平和」という題名だけ
でなく，平和条約の形式をも借用している [2]。その予備条項とは永遠平和のた
めの前提条件を，確定条項とは永遠平和をもたらす政治的・法的体制を，それ
ぞれしめすものである [3]。

1　国家間の永遠平和のための予備条項

カントは国家間の永遠平和のための予備条項として，下記6点をあげている。

［1］将来の戦争の原因を内包して締結した平和条約を，けっして平和条約とみなすべきでない

それがもたらすのは，たんなる休戦状態すなわち敵対行為の延期であって，
平和ではないからである [4]。こうした平和概念は，個人的暴力のない消極的平
和だけではなくて，構造的暴力のない積極的平和（権力と資源の平等主義的配
分）を志向するものともいえよう [5]。

［2］いかなる独立国家も，相続・交換・買収または贈与によって，他国の所有にすべきでない

国家とは人間の社会であり，国家自身のみが支配したり自由に処理したりす
ることができるものである [6]。ある国家をほかの国家と接合することは，道徳
的人格としての国家の存在を破棄することであり，道徳的人格を人格ではなく
物件にすることであった。この第2予備条項と，後続の第5予備条項の背景
として，プロイセン・オーストリア・ロシアによるポーランド分割を指摘する
ことができよう [7]。

［3］常備軍を徐々に全廃すべきである

　常備軍は，いつでも戦争を開始することができるという準備態勢によって，他国をたえず戦争の脅威にさらすからである[8]。また，たがいに軍事力で優位にたとうとする国家間の野心を刺激して，軍備拡張をうながすからである。

［4］国家の対外的な紛争にかんしては，いかなる国債も発行すべきでない

　国債とは，国家がたがいに対立しているとき，危険な金力すなわち戦争遂行のための宝庫となるからである。

［5］いかなる国家も他国の国制や統治に，暴力をもって干渉すべきでない

　外国の干渉は，どこにも従属していない民族の権利を侵害し，あらゆる国家の自律を不安定にするからである[9]。

［6］いかなる国家も他国との戦争において，将来の平和のための相互の信頼関係を不可能にするような敵対行為をすべきでない。たとえば暗殺者や毒殺者の雇用，降伏協定の破棄，敵国内における秘密漏洩の扇動などである

　戦争中に敵の心情にたいするなんらかの信頼が残存していなければ，平和の確立は不可能だからである。戦争とは，人間の自然状態において——そこには法的な確定力をもって判決しうる裁判所が存在しない——，暴力によって自己の正当性を主張するところの悲痛な非常手段にほかならなかった。

　上記の国家間の永遠平和のための予備条項のうち，第1・5・6は，ただちに廃止を要求する「厳格法」である[10]。第2・3・4は，完遂の延期を許容しうる「任意法」である。

2　国家間の永遠平和のための確定条項

　人間の自然状態（国家ができるまえの状態）は戦争状態である[11]。それは

つねに敵対行為が勃発しているわけではないけれども，たえず敵対行為の脅威のある状態であった[12]。そこから平和状態を意識的に創出する必要があった。平和状態を保障しうるのは，法的状態においてのみである。こうした記述からは，カントが社会契約論の系譜に属することがうかがえる[13]。トマス＝ホッブズも自然状態を戦争状態とみなした。もっとも，ホッブズは秩序ある社会生活の条件が国家間でも国内でも同様であって，国内社会の制度を普遍的規模で再現する必要があるという国内類推の立場をとらず，国家間関係が個人間関係と類似していないという観念にもとづいて，国際的なリヴァイアサンを創設しようとしなかった[14]。けれども，カントの主張は，個人が国家のもとで連帯する必要があったのと同様に，国家も国際団体へと連合しなければならないという国内類推の路線にそっていた[15]。

　永遠平和を保障する法は，ある民族に属するひとびとの「国法（ius civitatis）」と，相互に関係する国家の「万民法（ius gentium）」と，ひとびとおよび国家が外的に相互に交流する関係にあって，1つの普遍的な人類国家の市民とみなされる「世界市民法（ius cosmopoliticum）」に分類される。

　「世界市民」という用語の起源は古代ギリシア哲学のキニク派（犬儒派，シニシズム）にある[16]。マケドニアのフィリッポス2世（在位前359–前336年）はアテネ等を征服し，その子アレクサンドロス大王（在位前336–前323年）は東方遠征後，大帝国を形成した。そこでは，ポリスにとらわれない人生を理想とする世界市民主義（コスモポリタニズム）がうまれた。同派のディオゲネスはどこからきたのかと質問されて「わたくしは世界市民（κοσμοπολίτης / citizen of the world）である」と回答している[17]。

　カントは国家間の永遠平和のための確定条項として，下記3点をあげている。

［1］各国の国制は，共和制たるべきである

　共和制とは，社会の成員が人間として自由であって，臣民として唯一・共同の立法に従属し，市民として平等である国制である[18]。そこでは，市民が戦争にともなうあらゆる災難をひきうける決意をしなければならないので，開戦

に慎重になる[19]。しかるに，臣民が市民の資格をもたない国制のもとでは，元首が国家の所有者であり，かれは戦争によってうしなうものがないため，とるにたらない原因から開戦を決定する。市民は国内の体制を決するとともに，他国との平和的共存に道義的責任を有する[20]。

サン＝ピエールの神父が『ヨーロッパに永遠平和をもたらすための計画』を出版したのは，フランスとオーストリア・イギリス・オランダなどによるスペイン継承戦争が終結して，フランスがスペインと合同しないという条件で「太陽王」ルイ14世の孫フェリペ5世のスペイン王位継承を各国に承認させたユトレヒト条約が締結された1713年であった。かれは同書のなかで，ヨーロッパ諸国の社会的結合を提案したさいに，それが平和の恒久性の十分な保障をあたえ，君主の利益に資することをうったえたのにたいして[21]，カントはジャン＝ジャック＝ルソーの一般意志論に着想をえて，君主が開戦を決定する伝統と決別した[22]。

カントは「国家の形態」を「支配の形態」と「統治の形態」に大別する[23]。前者は，支配者が1名であれば君主制，少数であれば貴族制，市民社会を形成する全員であれば民主制となる。後者は，執行権と立法権が分離する共和制と，国家がみずからつくった法律を独断的に執行する専制からなる。カントによれば，民主制は必然的に専制となる。そこでは，ある決議に反対するものがいても，形式的には全員が決議したことになるからである。したがって，代表制が唯一のただしい統治形式となる。君主制・貴族制は代表制の精神にかなった統治方式を採用しうる。たとえば「君主は国家第一の僕である」と自称したフリードリヒ2世の統治がそうである。しかし，民主制は全員が君主であろうとするため，代表制の精神にかなった統治方式を採用しえない[24]。代表制においてのみ，共和的な統治が可能であった[25]。

［2］国際法は自由な国家の連合に基礎をおくべきである

国家単位でまとまっている民族は個々の人間のように，その自然状態において，たがいに隣接しているだけで危害をくわえあっている[26]。したがって，

自己の安全のために国際連盟にはいることを，他民族に要求すべきであった。自国の権利を追求する方法は，裁判所における審理という形式をとりえず，戦争という手段がありうるのみであった[27]。しかるに，理性は道徳的に立法する最高権力の座から，訴訟手続としての戦争を断固として弾劾し，平和状態を直接の義務とする[28]。平和状態とは，民族相互間の契約がなければ樹立・保障しえないものであり，そのためには，平和連盟が存在しなければならなかった。それは１つの戦争の終結を志向する平和条約とことなって，すべての戦争の永遠の終結を志向するものであった。幸運にも，啓蒙された強力なある民族が共和国を形成しうるならば，それは他国にたいする連盟的統一の中心となり，その連盟は次第に広範囲におよぶであろう。この共和国とは，フランスを意味する[29]。カントは平和連盟を「国際国家（civitas gentium）」とも呼称している[30]。それは１つの世界共和国という積極的理念ではなくて，戦争を防止して持続的に拡大する連盟という消極的理念をあらわしたものにほかならなかった。

［3］世界市民法は，普遍的な友好をうながす条件に制限されるべきである

友好とは，外国人が他国の土地にはいったという理由だけで，その国の人間から敵としてあつかわれることのない権利を意味する[31]。その国の人間は，外国人の生命に危険がおよばない方法によって，かれを退去させうるけれども——換言すれば，外国人の生命に危険がおよぶ方法によって，かれを退去させることはできない。このような主張は現在，1951年に国際連合が採択した難民の地位にかんする条約のなかで強制送還禁止の原則として規定されている[32]——，外国人が平和にふるまうかぎり，かれを敵としてあつかってはならない[33]。その外国人が要求しうるのは「客人の権利」すなわち家族の一員としてあつかわれる権利ではなくて「訪問の権利」であった。もっとも，カントは大航海時代におけるヨーロッパ人のアメリカ大陸などへの「訪問」が「征服」を意味したことを批判し，それと同様の観点から日本の鎖国政策を好意的に評価している[34]。

　現代のようにグローバリゼーションが進行するなかで，こうした植民地主義にたいする拒絶は [35)]，とくに重要であるようにおもわれる [36)]。同時に「訪問の権利」だけでなく，貧困・飢餓・飢饉などにくるしむひとびとの「基礎的生存権」と，地球環境の激変によって居住地をうばわれるひとびとの「環境的生存権」と，日本国憲法前文にも規定された全世界の国民の「平和的生存権」を，世界市民権として保障していく必要があろう [37)]。カントの思想が空想的でないことは，アムネスティ＝インターナショナルや国境なき医師団などに代表される地球市民社会の発展が証明している [38)]。

3　永遠平和の保障

　永遠平和を保障するのは，偉大な芸術家としての自然である [39)]。すなわち世界創造者たる神である。その機械的な進行からは，人間の不和を通じて，その意志に反しても，融和をうみだそうとする合目的性がうかがえる。自然は人間のために地球上のあらゆる地域で生活しうるように配慮し，戦争によって，人間をあらゆる場所においたて，人間に法的な関係にはいることを強制した [40)]。各民族は自己を圧迫する他民族と隣接しているから，武装して対抗するために，内部で国家を形成しなければならない [41)]。そこでは，人間の利己的な傾向性にたいして，たがいの力を対抗させて，一方の力が他方の力を破壊することを阻止したり除去したりしうるような国家組織が重要である [42)]。こうして人間は道徳的によい存在ではないとしても，よい市民であることを強制される。その結果，対内的にも対外的にも平和が促進・保障される [43)]。

　また，国際法の理念は，たがいに独立する国家の分離を前提としている。他国を制圧して世界王国へ移行する一大強国が存在するよりもこのましいからである。にもかかわらず，いかなる国家も，全世界を支配して平和状態を持続させることを希望している。しかし，自然は民族を分離させておくために，言語・宗教の相違をもちいる。それは，たがいに憎悪しあう性癖と戦争への口実をともなうけれども，文化が向上して，原理上の一致が拡大することが，平和につ

いての同意をもたらす。それは，専制政治のように力の弱体化によってではなくて，非常に活発な競争をともなう力の均衡によってもたらされ，保障される。

　さらに，自然は，相互の利己心を通じて諸民族を結合する[44]。そこにあらわれる商業精神は，戦争と両立しえないものである。もっとも信頼しうる権力は金力であるため，国家は高貴な平和を促進し，調停によって戦争を防止するようせまられる。こうしたことを主張したカントは，シャルル゠ルイ゠ドゥ゠モンテスキュー，ジェレミ゠ベンサム，ジョン゠ステュアート゠ミルとともにリベラリズム（国際協調主義）の系譜に位置づけられる[45]。

4　永遠平和のための秘密条項

　永遠平和のための秘密条項は「公の平和を可能にする条件にかんして哲学者のもつ格率〔自己の行為の指針として設定した規則〕を，戦争にそなえて武装している国家が，助言としてうけとるべきである」というものである。国家の立法にたずさわるものが他国にたいする態度について，臣民である哲学者に教示を要請することは，その権威をそこなうことのようにみなされる。そこで，国家は無言で（秘密裏に），哲学者に上記の助言をうながすことになろう[46]。国家は哲学者に，戦争遂行と平和樹立の普遍的格率について，自由に公然と発言させることがのぞましい。それは市民的公共圏の形成に不可欠であった[47]。

5　永遠平和にかんする道徳と政治の不一致

　道徳家をよそおう政治家は，違法な国家原理について弁解し，理性の命じるままに理念にしたがって善をなすことができないのが人間の本性であるという口実のもとに，改善を不可能なものとし，違法行為を継続する[48]。その第1の格率は自国民と他民族にたいして「実行して弁明せよ」ということである[49]。行為後に弁明するほうが，行為前に納得させる根拠を考案して，それにたいする反駁をまつよりも容易だからである。第2の格率は「実行したら

否定せよ」ということである。たとえば，自分の過誤によって自国民を絶望さ
せ暴動を発生させたとしても，自分の罪過であることを否定せよということで
ある。あるいは他民族を征服したときは，先制攻撃をしなければ自分が征服さ
れるという人間の本性に責任を転嫁せよということである[50]。第3の格率は「分
割して支配せよ」ということである[51]。自国民のなかに幾人かの首長がいる
ばあい，かれらを分裂させて，国民に味方すれば，絶対的な支配が可能になる
からである。対外的にも国家間の不和を惹起するのが最善で，弱国を援助する
ふりをして，それらを征服していくのがよいからである。これらの格率は，周
知のものとなっていた。

　客観的には，すなわち理論的には，道徳と政治は衝突しない[52]。しかし，
主観的には，すなわち人間の利己的な性癖に着目すれば，衝突は継続し，しか
も継続してさしつかえない。なぜならば，この衝突が徳を研磨する砥石の役割
をはたすからである。その徳の真の勇気は，災厄と犠牲に確固たる覚悟をもっ
て対峙するというかたちではなくて，人間の弱点をあらゆる違反の正当化に悪
用しようとする悪の原理を正視して，その姦計に勝利するというかたちで発揮
されよう。

　君主と国民が，あるいは民族同士が暴力的か策略的にあらそうばあい，かれ
らは平和を永遠に基礎づけうる法概念に敬意をはらっていない点で不正であ
る[53]。かれらがたがいを滅亡させようとすることを，後世のひとは警告的事
例としてうけとめるであろう。人間のなかにある道徳的原理はけっして消滅せ
ず，この原理にしたがって実用的に法の理念を実現しうる理性は，たえず進歩
する文化を通じて，法の理念にむかって永続的に成長する。真の政治は道徳に
敬意をはらって，はじめて前進しうる。

6　永遠平和にかんする政治と道徳の一致

　カントによれば，他者の権利に関係する行為について，公表しえない格率は
不正である[54]。たとえば，成功するために秘密にしなければならない格率や，

万人の抵抗を必然的に惹起することが予想されるため公的に告白することができない格率は，不正であった。すでにのべたとおり，バーゼル講和条約の秘密条項は，プロイセンがフランスにライン左岸を譲渡するかわりに，フランスがプロイセンに同右岸を補償することをさだめていた。カントはこうした密約をうみだす秘密外交を批判するとともに，それによってプロイセンとオーストリアの緊張がたかまってドイツが内戦にいたることを懸念していた[55]。

　戦争の防止を意図する国家の連合状態のみが，国家の自由と両立しうる法的状態である[56]。したがって，政治と道徳の合致は，連合的な組織においてのみ可能である。国家の政略は，このような組織を樹立することを，法的基礎としてもつのであり，こうした目的が欠如すると，隠蔽された不正義と似非政治をもたらす。平和条約とは，実際には休戦にほかならない[57]。その後につづく真の永遠平和は，空虚な理念ではなくて解決可能な課題であった。

おわりに

　1945年の第二次世界大戦終結後に国際連合が発足し，1948年に世界人権宣言を採択した。その前文によれば，人類社会のすべての構成員の固有の尊厳と平等な不可譲の権利を承認することは，世界における自由・正義・平和の基礎である。その第1条によれば，すべての人間はうまれながらに自由であって，尊厳と権利について平等である。人間は理性と良心をさずけられ，同胞の精神をもって行動しなければならない。ここにみられる個人の尊厳，自由，平等，正義，平和，理性，良心は，カントの啓蒙思想を形成する基本的な概念である[58]。

　戦後の西欧では，地域統合によってヨーロッパの再生をめざす動向がみられ，1952年にフランス・旧西ドイツ・イタリア・ベネルクス3国がヨーロッパ石炭鉄鋼共同体（ECSC）を発足させた。それはヨーロッパ経済共同体（EEC），ヨーロッパ原子力共同体（EURATOM）と合併してヨーロッパ共同体（EC）となり，ヨーロッパ連合（EU）にいたっている。これは主権国家に制限を課

すカント的な国家連合とみなすことができ，その加盟国はことごとく，カント
的な共和制概念を踏襲して，法の支配，代表制，権力分立を採用している[59]。

　2009 年にアメリカ合衆国のバラク゠オバマ大統領は核兵器の廃絶をうった
えて，ノーベル平和賞を受賞した。2017 年に国際連合は核兵器禁止条約を採
択し，2021 年に発効した。「被爆国としての日本[60]」は，まだ批准していない。

　カントは個人的暴力のない消極的平和だけではなくて，構造的暴力のない積
極的平和（権力と資源の平等主義的配分）を志向するとともに，常備軍を徐々
に全廃すべきであると主張した。日本はそうしたことを率先しておこなうこと
で，国際社会における名誉ある地位を獲得しなければならない。

1）Soboul, Albert, *La Révolution française, 1789-1799,* 2e éd.(Paris : Éditions Sociales,
1951), p. 315. 小場瀬卓三・渡辺淳訳『フランス革命（下）』（岩波書店，改版 1980 年）
146 頁。

2）Bohman, James and Matthias Lutz-Bachmann, "Introduction," James Bohman and
Matthias Lutz-Bachmann ed., *Perpetual Peace : Essays on Kant's Cosmopolitan Ideal*
(Cambridge, Mass. : MIT Press, 1997), p. 2. 田辺俊明訳「序章」紺野茂樹・田辺俊明・舟
場保之訳『カントと永遠平和：世界市民という理念について』（未来社，2006 年）7 頁。

3）Williams, Howard and Ken Booth, "Kant : Theorist beyond Limits," Ian Clark and
Iver B. Neumann ed., *Classical Theories of International Relations* (Basingstoke :
Macmillan in association with St. Antony's College, Oxford ; New York : St Martin's
Press, 1996), pp. 86-87. 谷澤正嗣訳「カント，限界のない理論家」押村高・飯島昇藏訳者
代表『国際関係思想史：論争の座標軸』（新評論，2003 年）114 頁。

4）Kant, Immanuel, *Zum ewigen Frieden, Kant's gesammelte Schriften,* herausgegeben
von der Königlich Preußischen Akademie der Wissenschaften, Bd. VIII (Berlin : de
Gruyter, 1969), S. 343. 遠山義孝訳『永遠平和のために』『カント全集 14』（岩波書店，
2000 年）252 頁。

5）Galtung, Johan, "Violence, Peace and Peace Research," *Journal of Peace Research,*
Vol. VI, No. 3 (1969), p. 183. 高柳先男・塩屋保・酒井由美子訳『構造的暴力と平和』（中
央大学出版部，1991 年）44 頁。千葉眞「カントの永遠平和論とコスモポリタニズム」千
葉眞編『平和の政治思想史』（おうふう，2009 年）73 頁。

6）Kant, I., *Zum ewigen Frieden,* S. 344. 遠山訳 253 頁。

7）山根雄一郎『カント哲学の射程：啓蒙・平和・共生』（風行社，2011 年）123 頁。

8）Kant, I., *Zum ewigen Frieden*, S. 345. 遠山訳 254 頁。

9）Ebenda, S. 346. 256-257 頁。

10）Ebenda, S. 347. 258 頁。

11）Ebenda, S. 348-349. 260-261 頁。

12）Ebenda, S. 349. 261 頁。

13）寺田俊郎『どうすれば戦争はなくなるのか：カント『永遠平和のために』を読み直す』（現代書館，2019 年）42 頁。

14）Suganami, Hidemi, *The Domestic Analogy and World Order Proposals* (Cambridge ; New York : Cambridge University Press, 1989), pp. 11-12. 臼杵英一訳『国際社会論：国内類推と世界秩序構想』（信山社出版，1994 年）14-15 頁。新川信洋『カントの平和構想：『永遠平和のために』の新地平』（晃洋書房，2015 年）50 頁。

15）Suganami, H., *op. cit.*, p. 21. 臼杵訳 50 頁。

16）Nussbaum, Martha, "Kant and Cosmopolitanism," J. Bohman and M. Lutz-Bachmann ed., *op. cit.*, p. 53, n. 11. 田辺俊明訳「カントと世界市民主義」紺野・田辺・舟場前掲書 75 頁。

17）Diogenes Laertius (R. D. Hicks tr.), *Lives of Eminent Philosophers*, Vol. II (Cambridge, Mass. : Harvard University Press, 1979), pp. 64-65. 加来彰俊訳『ギリシア哲学者列伝(中)』（岩波書店，1989 年）162 頁。

18）Kant, I., *Zum ewigen Frieden*, S. 349-350. 遠山訳 262 頁。

19）Ebenda, S. 351. 264 頁。

20）押村高『国際政治思想：生存・秩序・正義』（勁草書房，2010 年）72 頁。

21）Abbé de Saint-Pierre, *Projet pour rendre la paix perpétuelle en Europe*, texte revu par Simone Goyard-Fabre ([Paris] : Fayard, 1986), p. 15. 本田裕志訳『永久平和論 1』（京都大学学術出版会，2013 年）12 頁。

22）押村前掲書 73 頁。

23）Kant, I., *Zum ewigen Frieden*, S. 352. 遠山訳 265 頁。

24）Ebenda, S. 352-353. 266 頁。

25）Ebenda, S. 353. 267 頁。

26）Ebenda, S. 354. 268 頁。

27）Ebenda, S. 355. 270 頁。

28）Ebenda, S. 356. 271 頁。

29）Tuck, Richard, T*he Rights of War and Peace : Political Thought and the International Order from Grotius to Kant* (New York : Oxford University Press, 1999), p. 222. 萩原能

久監訳『戦争と平和の権利：政治思想と国際秩序：グロティウスからカントまで』（風行社，
2015 年）376 頁。

30）Kant, I., *Zum ewigen Frieden*, S. 357. 遠山訳 273 頁。

31）Ebenda, S. 357-358. 274 頁。

32）Benhabib, Seyla, *The Rights of Others : Aliens, Residents, and Citizens* (Cambridge :
Cambridge University Press, 2004), p. 35. 向山恭一訳『他者の権利：外国人・居留民・市
民』（法政大学出版局，新装版 2014 年）33 頁。金慧『カントの政治哲学：自律・言論・
移行』（勁草書房，2017 年）109 頁。

33）Kant, I., *Zum ewigen Frieden*, S. 358.

34）Ebenda, S. 358-359. 275 頁。

35）Held, David, "Cosmopolitan Democracy and the Global Order : A New Agenda," J.
Bohman and M. Lutz-Bachmann ed., *op. cit.*, p. 244. 田辺俊明訳「世界市民的民主主義と
グローバル秩序：新たな議題」紺野・田辺・舟場前掲書 236 頁。

36）新川前掲書 82 頁。

37）千葉前掲論文 92-93 頁。

38）Williams, H. and K. Booth, op. cit., p. 91. 谷澤訳 121 頁。

39）Kant, I., *Zum ewigen Frieden*, S. 360. 遠山訳 278 頁。

40）Ebenda, S. 363. 281 頁。

41）Ebenda, S. 365-366. 285 頁。

42）Ebenda, S. 366. 285-286 頁。

43）Ebenda, S. 367. 287 頁。

44）Ebenda, S. 368. 288 頁。

45）Nye, Jr., Joseph S. and David A. Welch, *Understanding Global Conflict and
Cooperation : An Introduction to Theory and History*, 10th ed. (Boston : Pearson, 2017),
p. 6. 田中明彦・村田晃嗣訳『国際紛争：理論と歴史』（有斐閣，2017 年）6-7 頁。

46）Kant, I., *Zum ewigen Frieden*, S. 369. 遠山訳 289 頁。

47）Habermas, Jürgen, "Kant's Idea of Perpetual Peace, with the Benefit of Two Hundred
Years' Hindsight," J. Bohman and M. Lutz-Bachmann ed., *op. cit.*, p. 123. 紺野茂樹訳
「二百年後から見たカントの永遠平和という理念」紺野・田辺・舟場前掲書 121 頁。

48）Kant, I., *Zum ewigen Frieden*, S. 373. 遠山訳 296 頁。

49）Ebenda, S. 374. 297 頁。

50）Ebenda, S. 374-375. 298 頁。

51）Ebenda, S. 375.

52）Ebenda, S. 379. 304 頁。

53) Ebenda, S. 380. 305 頁。

54) Ebenda, S. 381. 307 頁。

55) 山根前掲書 121 頁。

56) Kant, I., *Zum ewigen Frieden,* S. 385. 遠山訳 312 頁。

57) Ebenda, S. 386. 315 頁。

58) 宇都宮芳明『カントの啓蒙精神：人類の啓蒙と永遠平和にむけて』（岩波書店，2006 年）
249 頁。

59) 押村前掲書 87 頁。

60) 高田純『カント実践哲学と応用倫理学：カント思想のアクチュアル化のために』（行路社，
2020 年）170 頁。

第11章

戦　争

はじめに

　ソヴィエト社会主義共和国連邦は第二次世界大戦中から，自国の安全保障を確保するため，東欧諸国に親ソ政権を樹立させた。1947年3月，アメリカ合衆国のハリ゠トルーマン大統領は，ソ連の拡大を封じこめる政策（トルーマン゠ドクトリン）を提唱した。6月，ジョージ゠マーシャル国務長官は，ヨーロッパ経済復興援助計画（マーシャル゠プラン）を発表した。西欧諸国はアメリカの援助をうけいれたけれども，ソ連と東欧諸国は拒否し，9月にコミンフォルム（各国共産党の情報交換機関）を結成して対抗した。その後，冷戦が激化していく。

　1904年，ジョージ゠ケナンはアメリカでうまれた。1925年，プリンストン大学を卒業後，国務省に入省する。1946年2月，モスクワの大使館で代理大使をつとめていたときに，ソ連の行動を分析した長文電報をアメリカ本国に送信した。そこで主張した封じこめがアメリカの対ソ政策の基本方針となる。ケナンとアメリカ政府の最大の関心は，ヨーロッパをさらに西進するかにみえるソ連の勢力を阻止することにあった[1]。翌3月，イギリス前首相ウィンストン゠チャーチルは，トルーマンの出身州であるミズーリ州のフルトンで，ソ連がバルト海からアドリア海まで「鉄のカーテン」をおろしたことを批判した。ケナンの長文電報とチャーチルの演説は，トルーマン政権の対ソ不信感に理論的な裏づけをあたえた[2]。1947年，この長文電報を雑誌論文「ソヴィエトの行動の源泉」として匿名で発表する。ケナンは国務省政策企画室長としてマー

シャル゠プランの策定に手腕を発揮したけれども，封じこめの軍事化に反対し，1950年に国務省をはなれた。そのとき，トルーマン政権は，ケナンが反対したにもかかわらず，水素爆弾の製造計画に着手した[3]。ケナンは以後，プリンストン高等研究所で外交史研究に従事し，1951年に「ソヴィエトの行動の源泉」をふくむ『アメリカ外交50年』初版を，1984年に朝鮮戦争やベトナム戦争にも論及した増補版を，それぞれ刊行した。2005年に死去した。ケナンはアメリカ外交の道義的硬直性を批判した，リアリズム（現実主義）の立場にたつものと理解されている。本章は主として『アメリカ外交50年』にもとづいて，戦争について討究するものである。

1　20世紀前半のアメリカ外交

［1］アメリカ゠スペイン（米西）戦争

1898年，アメリカ゠スペイン（米西）戦争が勃発した。これはキューバのスペインからの独立運動に乗じて，ウィリアム゠マッキンリ大統領がおこしたものである。スペインはキューバの反乱を残酷に弾圧した[4]。アメリカの世論はキューバにおける暴虐と悲惨な状態に深刻な衝撃をうけ，政治家は干渉の必要を確信した[5]。

同年2月，アメリカの軍艦メイン号がハバナ港で爆沈した。スペイン政府がこれに関与した証拠はなかったにもかかわらず，アメリカ政府は戦争を不可避と判断し，事態の平和的解決を真剣に考慮しなかった[6]。スペイン政府はキューバの自治・独立の承認か合衆国への割譲を提案したのに，合衆国政府は，議会における感情と行動を抑制して，戦闘行為の早期開始へとすすんでいた方向を転換させる措置をとらなかった[7]。すなわち戦争以外の手段による解決の可能性が消滅していないのに，議会と国民の強力な要求に屈従して，他国への戦闘行為を開始した[8]。こうした記述から，ケナンの民主主義にたいする懐疑，世論への低評価，政治家にたいする不信をうかがうことができよう[9]。

同年4月，アメリカはスペインに宣戦し，5月から8月にかけて，スペイン

からフィリピンを奪取した[10]。おなじころ，プエルトリコとグアムを併合した[11]。これはアメリカがはじめて，州としての資格を承認せず，無期限に植民地として従属的地位を脱却しえない領土を獲得したことを意味する。

　膨張主義者はアメリカの領土拡大を神からあたえられた使命とする「明白な天命」説などを主張した[12]。反膨張主義者は，政府の正当な権力の淵源が被治者の同意に発するという命題にもとづいて建国されたので，他国民に帝国的権利を行使し，かれらを市民としてではなく被支配者として包容することはできないとかんがえた。かれらによれば，外国の領土を併合して，その住民の同意なしに統治することは，独立宣言に背馳し違憲であった[13]。

　膨張主義の根底にあったのは，偉大な帝国的列強として承認されたいというアメリカ国民の欲求であった[14]。反膨張主義の論理は，社会契約説を建国の思想とする国家として，市民としての役割がみとめられないひとびとに責任をおうべきでなく，共和国が被支配者をもつことはゆるされないというものであった。

　セオドア゠ロウズヴェルト大統領は，フィリピン領有の最初のもっとも熱心な唱道者であったにもかかわらず，併合後に幻滅を感じて後悔し「厄介者」からのがれることを希望していた[15]。1930 年代にアメリカはフィリピンの解放を決定した。アメリカの国家としてのもっとも顕著な政治的失敗は，市民権を許与する予定のない他国民と，自国民のあいだに，義務をともなう政治的紐帯を確立しようとしたことにあった[16]。

［2］中国における門戸開放・機会均等および領土保全の提唱

　1895 年，日清戦争で清が敗北すると，イギリス・フランス・ドイツ・日本・ロシアは清朝領土内での鉄道敷設・鉱山採掘などの利権獲得競争をおこない，各国の勢力範囲をさだめた。それにたいして，アメリカの国務長官ジョン゠ヘイは 1899 年と 1900 年に，中国における門戸開放・機会均等および領土保全を提唱した。アメリカの通俗的見解によれば，列強が中国を分割しようとしたとき，ヘイはその企図を挫折させた[17]。すなわち，中国における門戸開放政

策は，アメリカが他国の勢力範囲に対抗して立案した，外交上もっとも称揚すべきものであって，博愛的衝動が外交折衝上の行動力と鋭敏な手腕をともなった実例であった[18]。ケナンはこうした見解に疑問を呈する。

　中国分割の危機は，中国貿易を圧倒的に支配していたイギリスに特別な懸念を惹起した[19]。1898 年にヘイは国務長官に就任すると，翌 1899 年，中国勤務の経験を有するギリシア公使ウィリアム＝ロックヒルを帰国させた[20]。同年，ロックヒルの旧友であるアルフレッド＝ヒッピスリというイギリス人が北京からイギリスに帰国する途中で訪米し，アメリカ政府が中国における門戸開放を維持するための措置をとることを要望した[21]。ロックヒルはヒッピスリの草案にもとづいて覚書を作成し，ヘイがそれを列強に通達した[22]——もっとも，こうした「アメリカの門戸開放政策のイギリス起源説」とことなる学説も存在する[23]——。ヘイは，合衆国の時宜をえた干渉が，中国における列強の不当なふるまいを阻止し挫折させ，完全な外交的勝利を達成したという印象を，アメリカ国民にあたえた[24]。

　1900 年 6 月，山東の農村の自警団を基盤とする宗教的武術集団である義和団が「扶清滅洋」をかかげて北京にはいり，列強の教会を攻撃し，公使館を包囲して日本とドイツの外交官を殺害した。清朝が義和団を支持して列強に宣戦すると，日本とロシアを中心とする 8 か国が共同出兵し，8 月に北京を占領した。7 月にヘイは列強に通牒を発送し，中国における領土保全を要求していた[25]。これは，アメリカ政府が中国領土にたいする外国の侵犯にたいして中国を擁護する公約をあたえたものと解された。

　ヘイによる中国における門戸開放・機会均等および領土保全の提唱は，具体的成果をあげなかった[26]。1901 年，敗北した清は北京議定書に調印し，巨額の賠償金をしはらうことや列強の軍隊が北京に駐屯することを承認した。義和団事件は不可避的な中国分割すなわち門戸開放の終焉をもたらした。アメリカはフィリピンとプエルトリコを獲得したあと，門戸開放原則に背馳する差別的体制を確立した[27]。にもかかわらず，アメリカの世論は，ヘイによる中国における門戸開放・機会均等および領土保全の提唱を，国際社会におけるアメリ

カ的原則の勝利とみなした[28]。

［3］アメリカと東洋

日露戦争後，アメリカ政府は日本の朝鮮における優越的地位の確立に同意した[29]。たとえば，1905年のタフト・桂協定，すなわちウィリアム゠タフト陸軍長官と桂太郎首相兼外相の秘密覚書は，アメリカのフィリピン統治と日本の大韓帝国（韓国）指導権を相互に承認している。

門戸開放および領土保全という文言は，中国における列強の特殊的利益・地位の代替となりうる実行可能な具体的措置を示唆するものでなかった[30]。それには外交政策の基礎として役だちうるほどの明確な意義が欠如していた。

にもかかわらず，外国政府に崇高な道徳的・法律的原則の宣言に署名させて，アメリカの外交政策上の目的を達成しようとする傾向が，アメリカの外交に強力かつ永続的な力をおよぼしている[31]。このような観念は，外国人の心中に当惑・猜疑・憂慮の感情を惹起する[32]。第一次世界大戦から第二次世界大戦までのあいだ，日本は極東方面におけるアメリカの外交的圧迫と非難の主目標となった。第一次世界大戦後，日本は中国大陸における立場の強化を対独参戦の当然の報酬とみなした[33]。すなわち1919年に調印されたヴェルサイユ条約で，日本は山東省の旧ドイツ権益の継承を承認されたけれども，アメリカは反対していた。

アメリカは東アジアにおける状態を法律的・道徳的に是正するばかりでなく，その安定と平和を維持する政策を実行して，アメリカ自身と世界平和のための利益を獲得すべきだったのに，ほとんどなにもしなかった[34]。第二次世界大戦後における朝鮮情勢は，その証左であった[35]。アメリカは国際法と道徳律の観念の奴隷となるかわりに，東アジアの諸国民との交渉において，国益をおだやかに教化するだけでよかった[36]。

［4］第一次世界大戦

第一次世界大戦中の1915年，ドイツの潜水艦がイギリス客船ルシタニア号

を撃沈させた。そのさいに，アメリカ人乗客100名以上が犠牲になったため，ドイツにたいするアメリカ世論が悪化した。1917年，ドイツはイギリスの通商路を遮断するために，無制限潜水艦作戦を宣言し，指定航路以外の船舶を無警告で攻撃した。そのため，アメリカはドイツと断交し，宣戦した。

ウッドロウ゠ウィルソン大統領は，戦争を徹底的に遂行する理論的な根拠と目標を設定した[37]。それは，下記のようなものであった。

> ドイツは反民主主義的であり，軍国主義的である。イギリス等の連合国は，世界を民主主義にとって安全なものにするために，たたかっている。アメリカが希望するような平和を確立するには，プロイセンの軍国主義を破壊しなければならない。その平和をふるい勢力均衡のうえに構築することはできない。あたらしい平和の基礎は，侵略にたいして人類の良心と力を動員する国際連盟のうえにおかれる。専制政府を排除して，人民自身が政体を選択しうるようにする。ポーランドの独立を承認する。外交は公開とし，政府ではなくて人民が外交を支配する。軍備を縮減し，公正な平和を確立する[38]。

こうした理論にもとづいて，アメリカは戦争を継続した。戦後は，ヴェルサイユ条約によって「敗者に強制された」平和をもたらし「敗戦国におしつけられ，屈辱と脅迫のもとに受諾されるような戦勝国の条件」を承認した[39]。ケナンが批判するところによれば，このような平和は，苦痛と怨恨と敵意にみちた記憶をのこすものであり「砂上の楼閣のようなもの」にすぎなかった。

第一次世界大戦が勃発するまえ，ドイツはおろかにも攻撃的・挑発的に，イギリスから海上・通商上の覇権をうばおうとしたので，イギリスに非常な憂慮と不安をもたらした[40]。1913年に，ルイス゠アインシュタインというアメリカの外交官は，英独間の敵愾心が深刻で，戦争が勃発すればヨーロッパの平衡と安定をうしなわせることに，注意を喚起していた[41]。かれは，イギリスが破滅しそうであれば，アメリカが干渉しなければならないと確信し，ヨーロッ

パの勢力均衡が崩壊しても，アメリカは影響をうけないと想定することに警告
を発していた。多数のアメリカ人は，ヨーロッパの勢力均衡こそ，アメリカが
大規模の軍事負担をせずに，経済的発展を継続させることを可能にした政治的
条件であることを，理解していなかった。

　ケナンはアインシュタインの見解をただしいとみなした。アメリカは，ヨー
ロッパで重大な紛争が生起しつつあって，自国の利益が危機に瀕していたとい
う認識から出発していれば，軍備を拡充し，戦争が勃発したばあい，厳正中立
維持というような，ばかげた臆病な態度をとらず，無益な戦争をできるだけは
やく終結させるために影響力をおよぼすことができたはずであった[42]。

［5］第二次世界大戦

　第二次世界大戦は，アメリカが完全な勝利を達成しえないものであっ
た[43]。開戦前，世界の陸軍力・空軍力の圧倒的な部分は，ナチス＝ドイツ，ソ
ヴィエト＝ロシア，大日本帝国という全体主義国家に集中していた。それらの
うち，ドイツとロシアが連携すれば，民主主義陣営が撃破することは不可能で
あった。換言すれば，民主主義陣営がその一方と協力するばあいのみ，他方を
撃破することが可能であった。けれども，ドイツとロシアのいずれかが民主主
義陣営にたって参戦するばあい，その協力する全体主義国家は，軍事行動の展
開の当然の結果として東ヨーロッパの大部分を占領することになるので，民主
主義陣営はその戦争を完全かつ成功裏におわらせることはできなかった[44]。

　もっとも，アメリカは悲劇を最小限におさえるために，ヴァイマル共和国の
穏健な勢力に，おおくの理解と援助と激励をあたえたり，アドルフ＝ヒトラー
の初期の挑発と侵略にたいして強硬な断固たる対応をとったりすることが，で
きたはずであった[45]。アメリカが参戦したのは，日本の真珠湾攻撃によって
太平洋戦争がはじまってからであった。

　とはいえ，第二次世界大戦におけるアメリカの最大の過誤は，戦争が民主国
家の目的を達成するための手段として限界を有することを理解しなかったとい
うことである[46]。人間を殺害したり，建物を破壊したり，敵軍を退却させた

りするとき，民主主義の目的を推進することはできない[47]。けれども，こうしたできごとがおこって，はじめて民主主義の目的を推進しうるかもしれないということが，国策の手段として力を行使することを正当化する根拠となる[48]。戦争自体を，世界を変革しようとする希望，熱意や夢を伝達するための適当な手段とみなすべきでなかった。アメリカ人がこうしたことを理解していれば，平時における国際的暴力の徹底的な道義的排斥をも，戦時における国際的暴力の衝動にたいする完全な無抵抗をも，回避することができたであろう。

　こうした主張から，ケナンの戦争にたいする道義的嫌悪感をうかがうことができよう[49]。かれは第二次世界大戦中に連合国が空爆によって古都ハンブルクの市民生活と文化財等を無慈悲に破壊したのをみて，そうしたことが絶対にゆるされないという，ゆるぎない確信をもった[50]。

［6］現代世界の外交

　ケナンによれば，アメリカによる過去の政策のもっとも重大な過誤は，国際問題にたいする法律家的・道徳家的アプローチを採用したことである[51]。法律家的アプローチは，ある体系的な法律的規則・制約を受諾させることによって，国際社会における各国政府の無秩序にして危険な野心を抑制しうるという信念にもとづく[52]。また，アングロ゠サクソン流の個人主義的な法律観念を国際社会に置換し，それを国内で個人に適用するとおりに，政府間でも通用させようとする努力をともなう。それは，アメリカが建国時に1つの共通な法律的・司法的体制を受諾することによって，当初の13の植民地の利益衝突を制御して，秩序ある平和的関係を樹立することができたという記憶に由来していた。

　法律家的アプローチは，道徳家的アプローチと不可避的に結合する[53]。それは，国家間の問題のなかに善悪の観念をもちこむことであり，国家の行動が道徳的判断の対象となるに適していると仮定することである。法律の遵守を要求するひとは，違反者にたいして憤激する。こうした感情をもって軍事闘争をおこなえば，無法者を徹底的に屈服（無条件降伏）させないかぎり継続する。

　世界問題にたいする法律家的アプローチは，戦争と暴力をなくす熱望に根ざ
しているけれども，国益の擁護という動機よりも，暴力をながびかせ，激化さ
せ，政治的安定を破壊する。高遠な道徳的原則の名において遂行される戦争は，
なんらかのかたちで全面的支配を確立するまで，終結をのぞむことができない。

　国際問題にたいする法律家的アプローチは，全面勝利という観念をもたら
す。そのためには人心を征服するか，相手国民を全部殺戮しなければならな
い[54]。けれども，軍事的な全面勝利が人心にたいする勝利であることは，ほ
とんどない。こうした実現不可能な目標を達成する企図は，2 度の世界大戦が
惹起したのとおなじ重大な危害を文明にくわえることになろう。全面勝利とい
う観念は，もっとも危険にして有害な妄想であった[55]。アメリカがもっとも
よく理解しうるのは自国の国益だけであることを，謙虚にみとめなければなら
なかった[56]。

　このようにケナンは国際政治にかんする法律家的・道徳家的アプローチを批
判したけれども，法律家的・説教家的アプローチという用語をもちいるべきだ
ったかもしれない[57]。かれの外交政策・世界・人間にたいする観念は道徳的
なものであったからである。

2　アメリカとソヴィエト゠ロシア

［1］ ソヴィエトの行動の源泉

　ロシア革命前におけるウラジーミル゠レーニンの共産主義思想の要点は，以
下のようになろう。

① 　一般民衆の生活の特徴を決定するのは，物質的財を生産・交換するし
　　くみである。
② 　資本主義的な生産制度は資本家階級による労働者階級の搾取をもたら
　　し，物質的財を公平に分配することができない。
③ 　資本家階級は経済変化に適応していくことができないので，労働者階

級が革命によって政権を奪取しなければならなくなるであろう。
④　資本主義の最後の段階としての帝国主義は，戦争と革命をもたらす [58]。

　レーニンの想定によれば，ある資本主義国で勝利したプロレタリアートは，国内の資本家を収奪して社会主義的な生産を組織しつつ，国外の資本主義世界と抗争し，他国の被抑圧階級を味方につけることになろう。けれども，1922年，共産党書記長に就任したヨシフ゠スターリンはソ連だけで社会主義を建設しうるとする一国社会主義論をかかげた。かれは同年のソ連建国後に資本主義が存在しなくなったあと，独裁の存続を理由づけるために，外国の資本主義がおよぼす脅威を強調することを必要とした [59]。

　ソヴィエトの権力に固有の政治的性格を規定しているのは，以下のような観念であった。

①　資本主義と社会主義とのあいだには内在的な敵対関係がある [60]。
②　クレムリンは無謬である [61]。
③　指導部はいかなるときも，いかなる命題をも自由に提示して，全員に承認させることを要求しうる [62]。

　こうしたソ連の膨張政策にたいする長期の，辛抱づよい，確固として注意ぶかい封じこめが，合衆国の主要な政策とならなければならなかった [63]。それは軍事的手段によるものではなくて政治的な封じこめを意味するものであったにもかかわらず，ウォルタ゠リップマンは前者の意味で解釈し，ケナンを批判した [64]。ケナンの構想は，戦争にうったえず，対ソ冷戦を長期戦にもちこんで，アメリカの政治・外交・経済・諜報手段を十全に活用し，ソヴィエト体制が変容・変質するまで辛抱づよく待機する戦略であった [65]。

　ケナンはスターリン後の権力移行が円滑におこなわれずに，ソヴィエトの権力を根底から動揺させる可能性を指摘していた [66]。ロシアには地方政府が存

在せず，ロシア人は自発的な集団活動を経験していない[67]。したがって，共産党が有効に機能しなければ，ソヴィエト゠ロシアは最強から最弱の国家へ転落することになろう。それゆえ，ソヴィエトの権力は，クレムリンのひとびとが妄想するほど，安定してはいなかった。

　合衆国はソヴィエトの政権と政治的に親交をむすぶことを期待することができなかった[68]。また，ソ連を世界政治における協力者ではなくて対抗者とみなさなければならなかった。さらに，ソヴィエトの政策が平和と安定にたいする絶対的な愛をもたず，社会主義世界と資本主義世界が共存しうる可能性を信じず，対抗者のあらゆる影響力と権力を破壊・弱体化させるよう，慎重かつ執拗に圧迫するものであることを考慮しなければならなかった。したがって，ロシアが平和な安定した世界の利益を侵食する兆候をしめすならば，合衆国は確固とした封じこめ政策を開始することが妥当であった。

　もっとも，アメリカの政策は，防御的態勢をとることだけに限定されていたわけではない[69]。合衆国はソヴィエトの政策の推進にともなう緊張を増加させ，クレムリンに穏健かつ慎重な態度をとるよう圧力をかけて，ソヴィエトの権力の崩壊か漸次的な温和化を促進する力を有する[70]。そのためには，合衆国の最良の伝統を発揮し，偉大な国家として存続するにあたいすると証明することだけが必要であった。

［2］アメリカとロシアの将来

　アメリカがロシアの将来に，どのようにかかわるかを決定するさいに重要なのは，アメリカがロシアになにを欲しているか，その実現を助長するために，どのように行動しなければならないかを，理解することであった[71]。アメリカがその実現を期待しても無駄なのは，アメリカという共和国と非常に類似した制度を有する資本主義的・自由民主主義的なロシア像である。アメリカがロシアに期待しうるのは，①政府が寛容かつ対話可能にして率直なものであること，②その権力行使が全体主義と明瞭な一線を画した限界内にとどまること，③民族的自己主張の本能・能力を有する他国の国民を，抑圧的な軛で拘束しな

いことである[72]。換言すれば，永久に鉄のカーテンを除去すること，政府の権威に一定の限界をみとめること，帝国主義的膨張と抑圧という旧式の計略を破壊的かつ無価値なものとして放棄することである[73]。

　不幸にも，アメリカはロシアと戦争するばあい，その出現をのぞむロシア像を明瞭に心にとどめ，軍事作戦をおこなわなければならない[74]。戦争のない状態が継続したばあいは，ロシアの国内発展のために，たんなる対外宣伝としてではなくて，アメリカの国民性を，物質的豊富さよりも精神的卓越さを尊重して，世界の尊敬をかちうるほど感銘的なものとすることに，主要な関心をむけなければならなかった[75]。

3　第二次世界大戦後のアメリカ外交

［1］朝鮮戦争とベトナム戦争

① 朝鮮戦争

　ケナンは，第二次世界大戦後の日本を永久に非武装化された中立国とすべきだったとかんがえた[76]。そうすれば，アメリカ軍が日本を軍事基地として使用することができず，ロシアはその譲歩の代償として，朝鮮全土に民主主義的選挙にもとづく穏健な政府を樹立することに同意する可能性があったからである。ケナンは，ソヴィエト軍が西側主要国あるいは日本に軍事的攻撃をくわえる危険がないと信じていた。けれども，1949年までに，ワシントンすなわち国防総省・ホワイトハウス・国務省の大多数のひとびとは，ソヴィエトが第三次世界大戦を惹起する危険が現実に存在すると結論した。1950年初頭，アメリカの軍部・政府の上層部は，無期限に日本に軍事力を配置しておかなければならないと表明した[77]。それをうけて，ソヴィエトは，朝鮮民主主義人民共和国（北朝鮮）が共産主義の支配を朝鮮半島全土に拡大する意図をもって大韓民国（韓国）を攻撃することを許容した。朝鮮戦争は1950年にはじまり，1953年に休戦協定が成立した。

② ベトナム戦争

　ケナンによれば，ベトナム戦争に関与したことは，アメリカの政策の大失敗であった[78]。アメリカが関与した理由は，ベトナム共産主義者の活動がロシアの世界制覇の計画の一部であって，ホー゠チ゠ミンとその同調者がロシアの傀儡にすぎず，かれらのベトナム制圧がソヴィエトの征服にひとしいと，ワシントンが信じていたことにある。しかるに，ケナンによれば，ソヴィエトの指導者は世界制覇の青写真をもっていなかった[79]。かれらの心理は第一義的に防衛的であって，ベトナムを支配しようとするホー゠チ゠ミンの意図は，モスクワの指示と無関係であった[80]。かれは第一義的に，共産主義者ではなくて民族主義者であった。

　アメリカの努力が成功を期待しえないものであったにもかかわらず，長期にわたって継続した理由はなにか。1949 年に，中国の内戦において共産党が勝利した。すると，右翼の上院議員や活動家がトルーマン政権にたいして，アメリカが「中国をうしなった」のは，共産主義に同調する側近の官僚に影響された結果であると非難した[81]。こうした攻撃は，マッカーシズムという反共的な興奮につながっていく[82]。ケナンによれば，それは恥ずべき不名誉なできごとであった。マッカーシズムをうみだしたジョウゼフ゠マッカーシー上院議員は，蔣介石政権を支持するチャイナ゠ロビーの一員であった[83]。トルーマン以後の政権は，マッカーシズムのはげしい攻撃にひるんで，それに堂々と知的に対決することを回避してきた。1973 年にリチャード゠ニクソン大統領がアメリカ軍を南ベトナムから撤退させるまで，アメリカ政府は「ベトナムをうしなった」というばかげた非難をおそれて，手をひく勇気をもたなかった[84]。

［2］アメリカ外交と軍部

　ケナンはマーシャル゠プランをすぐれた政治的手腕による偉大な政策であると，たかく評価した[85]。こうした政治・経済の復興こそが，ケナンの本来意図した封じこめ政策であった[86]。とはいえ，第二次世界大戦後におけるアメリカ外交政策には過誤もあった。第 1 は，ソヴィエトの指導者がヒトラーやそ

の協力者とおなじく，軍事的侵略を渇望していると結論したことである[87]。ケナンによれば，ロシアは第三次世界大戦をのぞまず，西欧か日本に全面攻撃をする計画をもたなかった[88]。

　第2の過誤は，核兵器を軍備態勢の主柱として採用し，軍事的・政治的優越を確立するため核兵器に信頼をおいたことである。そこで，アメリカは兵器を生産・輸出して巨大軍事組織を維持するために，巨額の歳出を必要とし，財政赤字をうんだ[89]。

　アレクシ゠ドゥ゠トクヴィルによれば，対外的な問題についてもっとも曖昧な，あるいはあやまった見解をいだくことと，外交政策問題を純粋に国内的な配慮にもとづいて決定することは，民主主義の本質から生じる[90]。たとえば，フランス革命がイギリスに波及することを警戒したウィリアム゠ピット首相が第1回対仏大同盟を結成したとき，アメリカの民衆はフランスに同情してイギリスにたいする宣戦布告をのぞんだけれども，ジョージ゠ワシントン大統領はそれをしなかったため，アメリカ国民の敬愛をうしなった[91]。アメリカの政治制度の特徴は，政治家が外交にさいして国内世論に関心をはらわなければならないことにある。政治家の選出母体には，ロビイストもふくまれる[92]。かれらはアメリカ政府に支持させたいとのぞむ特定の国家あるいは民族集団を海外に有していた。それは，たとえばアメリカの中東政策を規定することになる。

　合衆国のとるべき対外政策は，自国が犯罪と貧困と腐敗，麻薬とポルノグラフィをなくそうとしてきたことと，テレビを，国民の知性を衰退させ矮小化し冒涜するものから，その知的・精神的を向上させるものに改善しうることを証明することでなければならなかった[93]——なお，ケナンはテレビのほかに，自動車をも批判している。かれによれば，自動車は環境を破壊したり，人間の健康を阻害したり，犯罪や少年非行を助長したりするものであった[94]——。そうすれば，国境をこえた世界にアメリカの影響力を感じさせるために，多数の核弾頭と多額の軍事予算に依拠する必要はなくなるであろう。

おわりに

　ケナンによれば，第二次世界大戦におけるアメリカの最大の過誤は，戦争が民主国家の目的を達成するための手段として限界を有することを理解しなかったということである。人間を殺害したり，建物を破壊したり，敵軍を退却させたりするとき，民主主義の目的を推進することはできない。けれども，こうしたできごとがおこって，はじめて民主主義の目的を推進しうるかもしれないということが，国策の手段として力を行使することを正当化する根拠となる。

　このように，ケナンは戦争の放棄を主張したわけではないけれども，戦争を無条件で肯定することはなかった。かれによれば，世界問題にたいする法律家的アプローチは，戦争と暴力をなくす熱望に根ざしているけれども，国益の擁護という動機よりも，暴力をながびかせ，激化させ，政治的安定を破壊する。高遠な道徳的原則の名において遂行される戦争は，なんらかのかたちで全面的支配を確立するまで,終結をのぞむことができないものであった。このことは，朝鮮戦争やベトナム戦争だけでなく，2001 年 9 月 11 日の同時多発テロ事件につづく対テロ戦争や，2003 年にはじまったイラク戦争についても妥当しえよう。

1) 佐々木卓也『封じ込めの形成と変容：ケナン，アチソン，ニッツェとトルーマン政権の冷戦戦略』（三嶺書房，1993 年）59 頁。
2) 滝田賢治『国際政治史講義：20 世紀国際政治の軌跡』（有信堂，2022 年）214 頁。
3) 佐々木前掲書 176 頁。
4) Kennan, George F., *American Diplomacy,* 60th-anniversary expanded ed. (Chicago : University of Chicago Press, 2012), p. 8. 近藤晋一・飯田藤次・有賀貞訳『アメリカ外交 50 年』（岩波書店，2000 年）10 頁。
5) *Ibid.,* p. 9. 11-12 頁。
6) *Ibid.,* p. 10. 13-14 頁。
7) *Ibid.,* p. 11. 15 頁。
8) *Ibid.,* p. 12. 16 頁。

9）佐々木卓也「ジョージ・F・ケナン『アメリカ外交50年』と封じ込め政策の展開」『法学新報』第123巻第7号（2017年）293頁。

10）Kennan, G. F., *American Diplomacy*, p. 13. 近藤・飯田・有賀訳17頁。

11）*Ibid.*, p. 15. 20頁。

12）*Ibid.*, p. 16. 21頁。

13）*Ibid.*, pp. 16-17. 22頁。

14）*Ibid.*, p. 18. 24頁。

15）*Ibid.*, p. 19. 26頁。

16）*Ibid.*, p. 20. 27頁。

17）*Ibid.*, p. 23. 31頁。

18）*Ibid.*, pp. 23-24. 32頁。

19）*Ibid.*, p. 24. 32-33頁。

20）*Ibid.*, p. 31. 41-42頁。

21）*Ibid.*, p. 32. 42-43頁。

22）*Ibid.*, p. 33. 44頁。

23）杉田米行「中国におけるアメリカ的行動原理の台頭：第一次門戸開放通牒の一解釈」『アメリカ研究』第30号（1996年）182頁。

24）Kennan, G. F., *American Diplomacy*, p. 35. 近藤・飯田・有賀訳46-47頁。

25）*Ibid.*, p. 36. 48頁。

26）*Ibid.*, p. 37. 49頁。

27）*Ibid.*, p. 39. 52頁。

28）*Ibid.*, p. 40. 53-54頁。

29）*Ibid.*, p. 47. 64-65頁。

30）*Ibid.*, p. 48. 65頁。

31）*Ibid.*, p. 49. 67頁。

32）*Ibid.*, p. 50. 68頁。

33）*Ibid.*, p. 52. 72頁。

34）*Ibid.*, p. 54. 75頁。

35）*Ibid.*, p. 56. 77頁。

36）*Ibid.*, p. 57. 79頁。

37）*Ibid.*, p. 71. 100頁。

38）*Ibid.*, pp. 71-72. 100-101頁。

39）*Ibid.*, p. 72. 101-102頁。

40）*Ibid.*, p. 74. 105頁。

41) *Ibid.*, p. 75.

42) *Ibid.*, p. 76. 107 頁。

43) *Ibid.*, p. 80. 113 頁。

44) *Ibid.*, pp. 80-81. 114 頁。

45) *Ibid.*, p. 84. 119 頁。

46) *Ibid.*, pp. 93-94. 133-134 頁。

47) *Ibid.*, pp. 94-95. 135 頁。

48) *Ibid.*, p. 95.

49) 佐々木前掲論文 295 頁。

50) Kennan, G. F., *Memoirs,* Vol. I (Boston : Little, Brown, 1967), p. 437. 清水俊雄・奥畑稔訳『ジョージ・F・ケナン回顧録 2』（中央公論新社，2017 年）310-311 頁。

51) Do., *American Diplomacy*, p. 101. 近藤・飯田・有賀訳 144 頁。

52) *Ibid.*, p. 102. 145 頁。

53) *Ibid.*, p. 107. 152 頁。

54) *Ibid.*, p. 108. 153 頁。

55) *Ibid.*, pp. 108-109. 154 頁。

56) *Ibid.*, p. 109. 155 頁。

57) Lukacs, John, *George Kennan : A Study of Character* (New Haven : Yale University Press, 2007), p. 159. 菅英輝訳『評伝ジョージ・ケナン：対ソ「封じ込め」の提唱者』（法政大学出版局，2011 年）177 頁。

58) Kennan, G. F., *American Diplomacy*, p. 114. 近藤・飯田・有賀訳 160 頁。

59) *Ibid.*, p. 119. 167 頁。

60) *Ibid.*, p. 121. 170 頁。

61) *Ibid.*, p. 122. 172 頁。

62) *Ibid.*, p. 123. 173 頁。

63) *Ibid.*, p. 125. 177 頁。

64) Do., *Memoirs*, Vol. I, pp. 358-360. 清水・奥畑訳 185-188 頁。

65) 佐々木前掲論文 281 頁。

66) Kennan, G. F., *American Diplomacy*, pp. 129-130. 近藤・飯田・有賀訳 183 頁。

67) *Ibid.*, p. 131. 185 頁。

68) *Ibid.*, p. 132. 187 頁。

69) *Ibid.*, pp. 132-133.

70) *Ibid.*, p. 134. 189 頁。

71) *Ibid.*, p. 137. 194 頁。

72）*Ibid.*, pp. 143-146. 204-208 頁。

73）*Ibid.*, p. 149. 213 頁。

74）*Ibid.*, p. 150. 214 頁。

75）*Ibid.*, p. 160. 228-230 頁。

76）*Ibid.*, p. 170. 241 頁。

77）*Ibid.*, p. 171. 244 頁。

78）*Ibid.*, p. 173. 246 頁。

79）*Ibid.*, pp. 173-174. 247 頁。

80）*Ibid.*, p. 174. 247-248 頁。

81）*Ibid.*, p. 175. 250 頁。

82）*Ibid.*, p. 176. 251 頁。

83）佐々木前掲論文 283 頁。

84）Kennan, G. F., *American Diplomacy*, p. 177. 近藤・飯田・有賀訳 252 頁。

85）*Ibid.*, p. 179. 254 頁。

86）鈴木健人『「封じ込め」構想と米国世界戦略：ジョージ・F・ケナンの思想と行動，1931 年–1952 年』（渓水社，2002 年）51 頁。

87）Kennan, G. F., *American Diplomacy*, p. 182. 近藤・飯田・有賀訳 259 頁。

88）*Ibid.*, p. 183. 260 頁。

89）*Ibid.*, pp. 184-185. 261- 262 頁。

90）*Ibid.*, pp. 189-190. 269 頁。

91）Tocqueville, Alexis de, *De la démocratie en Amérique I* (1835), *Œuvres II*, édition publiée sous la direction d'André Jardin ([Paris] : Gallimard, 1992), pp. 262-263. 松本礼二訳『アメリカのデモクラシー第 1 巻（下）』（岩波書店，2005 年）109 頁。

92）Kennan, G. F., *American Diplomacy*, p. 190.

93）*Ibid.*, p. 192. 273 頁。

94）Do., *Around the Cragged Hill : A Personal and Political Philosophy* (New York : W. W. Norton, 1993), pp. 162-164. 関元訳『二十世紀を生きて：ある個人と政治の哲学』（中央公論新社，2015 年）199-202 頁。

[第12章]

日 本

はじめに

　日本では，明治政府が列強を模範とした近代国家を創出した。日清戦争で台湾を，日露戦争で南満州を，第一次世界大戦で旧ドイツの権益を獲得して帝国主義国家の一員となったけれども，中国の権益をめぐって第二次世界大戦に突入し，敗北した。戦後の日本は民主主義と平和主義の理念にもとづいて国際社会に貢献することをめざしたけれども，そうした方向性とはことなる戦前の残滓が，なお存続しているようにおもわれる。

　本章は，そうした問題意識にしたがって，丸山眞男と川島武宜と阿部謹也の著作を検討するものである。川島は 1909 年に誕生した。東京帝国大学法学部を卒業後，同助教授をへて教授となる。1970 年まで東京大学法学部教授をつとめた。民法・法社会学を研究し『川島武宜著作集』（岩波書店, 1982–1986 年）を公刊している。1992 年に死去した。阿部は 1935 年に出生した。一橋大学大学院社会学研究科博士課程退学後，一橋大学社会学部教授等をへて同大学の学長などを歴任した。ヨーロッパ中世史の研究者であり，著作は『阿部謹也著作集』（筑摩書房, 1999–2000 年）にまとめられている。2006 年に死没した。

1　日本のファシズム

［1］超国家主義の論理と心理

　丸山の論文「超国家主義の論理と心理」が『世界』に掲載されたのは，

1946 年 5 月であった。日本国民を長期にわたって隷従的境涯におしつけて，第二次世界大戦にかりたてたイデオロギー的要因として，連合国は日本の超国家主義を指摘している[1]。本論文の課題は，超国家主義の思想構造と心理的基盤を分析することにあった。

　丸山は日本の国家主義が「超」という形容詞を冠する理由を考察する[2]。ヨーロッパの近代国家は，中性国家である[3]。すなわち真理や道徳などの内容的価値にかんして中立的立場をとり，そうした価値の選択と判断を教会などの社会集団あるいは個人の良心にゆだね，国家主権の基礎をこのような内容的価値から捨象された純粋に形式的な法機構のうえにおくものである。

　しかるに，日本の明治以後の近代国家は，国家主権の技術的・中立的性格を表明しようとしなかった[4]。維新以後，天皇のもっていた「権威」と将軍のもっていた「権力」が一体化した。そこでは，近代的人格の前提たる道徳の内面化の問題を，自由民権論者も軽視した。たとえば，自由党の闘将であった河野広中は，ジョン゠ステュアート゠ミル（中村敬宇訳）『自由之理』を一読したら，忠孝の道をのぞいて，従来の思想が木端微塵にうちくだかれ，ひとの自由・権利を尊重すべきであることを理解したとのべている[5]。「忠孝」観念こそ，主体的自由の確立の途上において最初に対決すべきものであるにもかかわらず，河野はそれを考慮していないことの問題性を意識していない[6]。「民権」論が「国権」論のなかに埋没したのは，必然であった。1890 年に発布された教育勅語は，日本国家が倫理的実体として価値内容の独占的決定者たることの公然たる宣言であり，1946 年元日に天皇が人間宣言によって，その神性を否定するまで，日本に信仰の自由の存立基盤はなかった[7]。また，国家が「国体」において真善美の内容的価値を占有するところでは，学問も芸術も，そうした価値的実体に依存する以外になかった[8]。

　国家主権が精神的権威と政治的権力を一元的に占有するため，国家活動はその内容的正当性の基準を国体とし，それを超越した道義的基準に服しない[9]。日本の官僚・軍人の行為を制約していたのは，合法性の意識ではなくて優越的地位にたつもの，すなわち天皇という絶対的価値体に近接するものの存在であ

った[10]。そこにおいて，法は治者と被治者をともに制約するものではなくて，天皇を長とする権威のヒエラルヒーにおける支配の手段にすぎなかった[11]。すると，軍隊内務令の煩雑な規則の適用が上級者には緩慢に，下級者には厳格になる。支配者の日常的なモラルを規定しているのが抽象的な法意識，内面的な罪の意識，民衆の公僕観念ではなくて，具体的・感覚的な天皇への親近感であったことから，自己の利益を天皇の利益と同一視し，自己の反対者を天皇にたいする侵害者とみなす傾向が生じた[12]。

　全国家秩序が絶対的価値体たる天皇を中心として連鎖的に構成され，支配の根拠が天皇からの距離に比例するところでは，独裁観念がうまれるのは困難であった。独裁観念は自由なる主体意識を前提としているためである[13]。ナチスの指導者は開戦の決断にかんする明白な意識を保持していた。しかるに，日本の指導者はなんとなく，なにものかにおされつつ「ずるずると」国をあげて戦争の渦中に突入した。日本では，自由なる主体的意識が存在せず，各人が行動の制約をみずからの良心のうちにもたず，究極的価値に近接する上級者の存在によって規定されているため，独裁観念にかわって，抑圧の移譲によって精神的均衡を保持しようとする[14]。すなわち上級者からの圧迫感を下級者への恣意の発揮により順次移行していくことによって，全体のバランスを維持しようとする。日本が世界の舞台に登場すると「圧迫の移譲」原理は国際的に延長した[15]。中国やフィリピンで日本兵が暴虐なふるまいをしたのは，国内では「いやしい」人民であり，営内では二等兵であっても，外地では皇軍として究極的価値とつらなることによって優越的地位にたったためであった[16]。すなわち市民生活と軍隊生活において，圧迫を移譲すべき場所をもたない大衆が優越的地位にたつとき，自分にのしかかっていた全重圧から一挙に解放されようとして爆発的な衝動にかりたてられたためであった。

　では，超国家主義にとって権威の中心的実体であり道徳の源泉体である天皇は，唯一の主体的自由の所有者であったのか。丸山の回答は否である。天皇は無からの価値の創造者ではなくて，万世一系の皇統を継承し，皇祖皇宗の遺訓によって統治するものであった[17]。超国家主義は，中心的実体からの距離が

価値の基準になるという国内的論理を世界にむかって拡大した。そこでは「万国の宗国」たる日本が各国を身分的秩序のうちに位置づけることが世界平和であって，万国をひとしく制約する国際法は，存立しえなかった[18]。

日本軍国主義に終止符をうった1945年8月15日は，超国家主義の全体系の基盤たる国体がその絶対性を喪失し，いまやはじめて自由なる主体となった日本国民にその運命をゆだねた日であった[19]。こうした「主体的作為の論理」は，丸山が日本ファシズムに対抗して形成した思想の主軸であり，1996年8月15日に死去するまで一貫していた[20]。

［2］日本ファシズムの思想と運動

① 分析対象

丸山が論文「日本ファシズムの思想と運動」を公刊したのは1948年であった。本論文の分析対象は国家機構としてのファシズムではなくて，運動としてのファシズムと，その運動がささえる思想におかれている[21]。

② 時代区分

丸山は日本ファシズム運動を3段階に区分する。第1期は，第一次世界大戦後の1919年ころから1931年の満州事変のころまでの「民間における右翼運動の時代」である[22]。満州事変とは，関東軍（旅順・大連をふくむ遼東半島南端の関東州と南満州鉄道の警備を主たる任務として設置された日本の軍隊）が奉天郊外の柳条湖で南満州鉄道の線路を爆破し，それを中国軍によるものとして軍事行動を開始したできごとである。第2期は，満州事変の前後から1936年の二・二六事件までであり，たんなる民間運動であったものが軍部勢力の一部とむすびついて，軍部がファシズム運動の推進力となって，国政の中核を占拠するにいたった「急進ファシズムの全盛期」である[23]。二・二六事件とは，1936年2月26日に陸軍の隊付の青年将校を中心とする，直接行動によって既成支配層を打倒し天皇親政を実現しようとした皇道派が首相官邸・警視庁などを襲撃し，斎藤実内大臣・高橋是清蔵相・渡辺錠太郎陸軍教

育総監たちを殺害し，国会等を占拠したあと，反乱軍として鎮圧された事件である。第3期は，二・二六事件後の粛軍（陸軍省や参謀本部の中堅幕僚将校を中心とする，官僚や財閥とむすんだ軍部の強力な統制のもとで総力戦体制を樹立しようとした統制派が皇道派を一掃したこと）の時代から第二次世界大戦終了時までの「日本ファシズムの完成時代」である。それは，軍部が官僚・重臣等の半封建的勢力と，独占資本・ブルジョア政党と，連合支配体制をつくりあげた時代であった。

　各時代の特徴を敷衍すると，下記のとおりとなる。第1期は，大正デモクラシーがロシア革命の影響をうけて急進化し，労働争議や小作争議が高揚したため，赤化に対抗する運動が続出した[24]。第2期は，右翼運動が軍部とくに青年将校とむすびついて急激に政治的実践力を発揮した時代である[25]。そこでは，ファシズム運動がたんなる左翼運動への反動という消極的なものから脱却して，1つの社会運動としての性格を露呈した。第3期は，二・二六事件を契機として，被支配層による急進ファシズムの運動に終止符をうった時代である[26]。それによって，日本ファシズム化の道程がドイツやイタリアのようにファシズム革命というかたちをとらないことが確定した。すなわち日本のばあいは，支配層による国家統制の一方的強化の過程であり，いわゆる「東条〔英機〕独裁」にいたった[27]。

③ イデオロギーの特質

　日本とドイツ・イタリアのファシズムに共通するイデオロギーは，下記のとおりである。

　　a　個人主義的・自由主義的世界観の排除

　　b　自由主義の政治的表現たる議会政治への反対

　　c　対外膨張の主張

　　d　軍拡や戦争にたいする賛美

　　e　民族的神話や国粋主義の強調

　f　全体主義にもとづく階級闘争の排斥

　g　マルクス主義にたいする闘争

　それにたいして，日本ファシズム特有のイデオロギーは3点ある。第1は，家族主義である[28]。日本の国家構造の特質は，つねに家族の延長体として，すなわち家長としての，国民の「総本家」としての皇室とその「赤子」が構成する家族国家として表象される[29]。家族国家という観念と，そこから生ずる忠孝一致（主君への忠節と親孝行が同一であること）の思想は，明治以後の絶対国家の公権的イデオロギーであって，政治運動のスローガンとして「国体」を強調するファシズム運動の前面にあらわれた。

　第2は，立国の基礎を農業におく農本主義である[30]。1929年の世界恐慌は1930年に昭和恐慌として日本に波及し，1931年には東北地方などで大凶作による農業恐慌が発生した。陸軍の青年将校と右翼運動家は，日本のゆきづまりの原因が，財閥・政党などの支配層の無能と腐敗にあるとみなし，これらを打倒しようとした。たとえば，1931年に陸軍青年将校が軍部政権樹立のクーデタを計画し未遂におわった。1932年には，井上日召のひきいる右翼の血盟団員が井上準之助前蔵相と団琢磨三井合名会社理事長を暗殺した（血盟団事件）。こうした右翼テロリズムの背景にあったのは，農村の窮乏であり，それが陸軍青年将校を急進化させた動機であった[31]。かれらのおおくは中小地主か自作農の出身であり，農民とくに東北農民は兵隊の精髄とかんがえられていた[32]。

　第3は，アジア民族の解放，東亜をヨーロッパの圧力から解放しようとする傾向である[33]。それは日本がヨーロッパ帝国主義にかわってアジアのヘゲモニーを掌握しようとする思想と結合した。

④ 運動形態の特質

　日本ファシズム運動は，その実践的担当者が大衆的組織をもたず，少数者の「志士」の運動に終始していた[34]。そのため，はなはだしい空想性・観念性・

非計画性をおびることととなった³⁵⁾。そこでは，志士が先頭にたって破壊行動をすれば，あとはどうにかなるという神話的な楽観主義が急進ファシズム運動を支配していた。それは，ナチスが大衆を組織化して，その組織のエネルギーによって政治権力を奪取したのと対照的であった³⁶⁾。

⑤ 社会的な支持者の特徴

　ドイツでもイタリアでも日本でも，ファシズム運動の社会的な支持者は，中間層であった³⁷⁾。日本の中間層は，下記のように区分される。

> a　小工場主，町工場の親方，土建請負業者，小売商店の店主，大工棟梁，小地主，自作農上層，小学校教員，村役場の吏員・役員，下級官吏，僧侶，神官など
>
> b　都市のサラリーマン，文化人，ジャーナリスト，教授，弁護士，学生など

　日本ファシズムの社会的地盤は，上記aにあった。上記bはインテリゲンツィアとよばれるひとびとであって，反ファッショ的態度を貫徹していた³⁸⁾。しかるに，ドイツ・イタリアでは，知識階層とくに大学生が積極的にファシズムを推進していた。

　憲法学者の美濃部達吉は，いわゆる天皇機関説を主張した。それによれば，統治権の主体は国家であり，天皇は国家の最高機関として，憲法にしたがって統治権を行使するものとされた。1935年，陸軍出身の貴族院議員であった菊池武夫がこれを反国体的であると非難し，在郷軍人会（予備役の全国組織）が排撃運動を展開した。その結果，岡田啓介内閣は，日本が古来，天皇中心の国家であって，天皇に主権が存することは明白であるという国体明徴声明を発表し，天皇機関説を否定した。天皇機関説はインテリ層にとっては常識だったけれども，在郷軍人会などの国民一般にとっては非常識な，ありうべからざる学説であった³⁹⁾。後者の層を積極的な支持者とした日本のファッショ゠イデオ

ロギーは荒唐無稽となった[40]。ドイツでは一流の教授がナチ党を擁護していたけれども，日本ではそうでなかったため，たとえば，敵国の戦闘機に竹槍で対抗しようとした「竹槍イデオロギー」が強調された。

⑥ 日本ファシズムの歴史的発展

　日本ファシズムの発展過程における最大の特色は，ドイツやイタリアのように大衆的組織をもったファシズム運動が外部から国家機構を占拠するのではなくて，軍部・官僚・政党などの既存の政治力が国家機構の内部から漸次ファッショ体制を成熟させていったことにある[41]。たとえば，二・二六事件後，統制派が皇道派を圧倒し，前者の中心人物である東条たちがヘゲモニーを獲得した[42]。それはやがて「東条独裁時代」を招来した[43]。日本において民間から生じたファシズム運動がヘゲモニーを獲得しなかった理由は，民主主義が強力でなかったことにある[44]。イタリアでは1922年にベニート゠ムッソリーニがファシスト党による政権獲得のための示威行動「ローマ進軍」をへて国王から首相に任命され，ドイツでは1932年の選挙でナチ党が第一党になり，1933年にパウル゠フォン゠ヒンデンブルク大統領が同党のアドルフ゠ヒトラーを首相に任命した。けれども，日本では既存の政府にたいする国民の抵抗が，ドイツやイタリアほど強力ではなかった[45]。

［3］軍国支配者の精神形態
① 問題の所在

　1945年9月以降，連合国軍最高司令官総司令部（GHQ）は日本の戦争指導者を逮捕した。1946年，起訴されたA級戦犯容疑者にたいする裁判が，極東国際軍事裁判所ではじまった（東京裁判）。そこには第一級の戦争犯罪人だけではなくて，当時の政治権力を構成した宮廷・重臣・軍部・政党等の代表的人物が登場した[46]。かれらの答弁には，日本支配層の精神と行動様式が鮮明にうかがえる[47]。丸山はそれを手がかりにして，日本の戦争機構に内在した特徴を抽出した論文「軍国支配者の精神形態」を1949年に公刊した[48]。

② ナチ指導者との比較

　まず出身を比較すると，ナチ最高幹部のおおくは高学歴でなく，権力を掌握するまで，ひくい地位にあった[49]。それにたいして，東京裁判の被告は最高学府や陸軍大学校を卒業し，国家の最高の地位にあった[50]。

　つぎに観念と行動の一貫性の有無に着目すると，たとえばヒトラーはポーランド侵攻直前の 1939 年 8 月 22 日，戦争を遂行するさいに「正義」ではなくて「勝利」が重要であると発言している[51]。ヒトラーがポーランドに侵攻したのは同年 9 月 1 日であり，3 日にポーランドの同盟国であったイギリス・フランスがドイツに宣戦し，第二次世界大戦がはじまった。このようにナチ指導者は，自己の行動の意味と結果を自覚して遂行していた[52]。それにたいして，日本の軍国指導者は，自己の行動がその主観的意図に背馳していた。すなわち，東京裁判のジョウゼフ゠キーナン検察官が最終論告でのべたとおり，被告はいずれも戦争を惹起することを欲しなかったと答弁していた[53]。もっとも，丸山によれば，被告をふくめた支配層一般の戦争にたいする主観的責任意識が希薄であることの原因は，狡猾や保身術という個人道徳ではなくて「体制」自体の退廃にあった[54]。

③ 日本ファシズムの矮小性：既成事実への屈伏

　東京裁判における被告の自己弁解からは，既成事実への屈伏と権限への逃避がうかがえる[55]。既成事実への屈伏とは，現実がすでに形成されたということが，それを是認する根拠になることである。ほとんどすべての被告の答弁に共通している論拠は，すでに決定した政策にはしたがわざるをえなかった，すでに開始された戦争には支持せざるをえなかったということであった。

　しかるに，1939 年 5 月 23 日，ヒトラーはポーランド問題にかんして，下記のように発言していた。

　　「本問題の解決は勇気を必要とする。情勢に自己を適応させることによって，問題の解決を回避する原則はゆるされない。むしろ情勢を自己の要

求に適応させるべきである。こうしたことは，外国に侵入するか外国の領地を攻撃することによってのみ可能である[56]。」

　こうした態度は，終始「客観的情勢」にひきずられて，ゆきがかり上「ずるずるべったりに」窮地を脱することができなくなった軍国日本の指導者と対照的であった[57]。

④ 日本ファシズムの矮小性：権限への逃避

　東京裁判の戦犯がほぼ共通して自己の無責任を主張する第2の論拠は，訴追されている事項が官制上の形式的権限の範囲に属さないということであった[58]。各閣僚はほかの閣僚の承認をえられなければ，重要なことをまったくなしえなかったと主張している[59]。これは内閣のなかに責任をもつものが皆無であったことを意味する。

　こうした「権限への逃避」は，それぞれ天皇の権威とつらなることによって，各自の「権限」の絶対化に転化し，権限相互間の葛藤をうみだした[60]。このような政治力の多元性を最終的に統合すべき地位にある天皇は，立憲君主の「権限」を固守して，終戦の土壇場までほとんど主体的に「聖断」をくだすことがなかった[61]。それは，退廃期の絶対君主制に共通した運動法則によるものであった。近代の君主制には，表面の荘厳な統一の背後に無責任な匿名の力の乱舞をゆるす傾向が内在する[62]。ロシア帝国やドイツ帝国はその好例であった。そうした運動法則が絶対主義国家としての日本の行程を支配していた[63]。明治藩閥政府が自由民権運動を抑圧して，プロイセン流の明治憲法を制定した時点で，その体制は破綻する運命にあった。日本ファシズム支配は「無責任の体系」にもとづくものであった[64]。

2　日本社会の家族的構成

　すでにみてきたとおり，丸山は日本ファシズム特有のイデオロギーとして，

家族主義を指摘した。この問題について熟考したのが，川島の 1946 年に発表
した論文「日本社会の家族的構成」である。第二次世界大戦後における日本国
民の最大の課題は日本の民主化にあり，家族制度にかんしても民主主義革命が
必要であった[65]。日本には武士階級の家族制度と，直接生産者たる農民や漁
民や都市の小市民の家族制度が存在する[66]。いずれも民主主義的な，すなわ
ち近代的な原理ではなくて，前近代的な原理にもとづくものであった[67]。

　封建武士的・儒教的家族の基本原理は，貴族・大地主・大商人・士族層を支
配してきたものであり，家長・父・夫の「権威」と，それにたいする家族・子・
妻の「恭順」からなる[68]。それは，民主的・近代的な社会関係の原理と根本
的にことなっていた[69]。ひとがみずからの行動について自主的に判断・決定し，
人格を相互に尊重するものではないからである。

　封建的家族制度において，権威的秩序の違反にたいする制裁は，外的な制裁
（身体への打擲，叱責，勘当など）となってあらわれる[70]。また，服従は外形
的行為に限定され，それをつくせば，義務をはたしたことになる。そこには「個
人的責任」という観念が存在しえなかった[71]。自分の決断・行動をもたない
人間は，責任をおうことがないからである。

　つぎに庶民家族の基本原理をみると，たとえば農民の家族では，すべての家
族員が生産的労働を分担し，家長の財産に寄生することはないため，儒教的家
族におけるような家長の権力や権威は存在しない[72]。けれども，この家族制
度も近代的・民主的でなかった[73]。そこでも，家族の秩序は 1 つの権威とな
っている。ただし，この権威は人情的・情緒的性質をおびているので，権力が
権力としてあらわれることはない。そこでは，儒教的家族における形式主義的
な畏敬ではなくて，くつろいだ，なれなれしい，遠慮のない雰囲気が支配して
いる。家族的人情や情緒を決定するのは，人間の合理的・自主的反省をゆるさ
ない盲目的な慣習や習俗である[74]。それは近代家族における合理的・自主的
反省，道徳の支配と対照的であった。

　日本の家族外の関係には，上記のような封建的・儒教的家族と民衆的家族の
原理が反射・貫徹している[75]。その要点は，下記のとおりである。

① 「権威」による支配と，それにたいする無条件的な服従

② 　権威と雰囲気への非自主的な追随に由来する個人的責任感の欠如[76]

③ 　一切の自主的な批判・反省をゆるさない社会規範

④ 　親分・子分的結合の家族的雰囲気と，その外部にたいする敵対的意識の対立

　日本の社会は，こうした家族と家族的結合から成立している[77]。そこで支配する家族的原理は民主主義の原理と対立する。これを否定しなければ，民主化をなしとげることはできなかった。

3 ヨーロッパの社会と日本の世間

［1］世間からの「離陸」

　上記のとおり，日本社会の特質を解明するさいに川島が「家族」に焦点をあてたのにたいして，阿部は「世間」という概念に着目した。阿部が1996年に刊行した『ヨーロッパを見る視角』によれば，日本の社会はヨーロッパとかなりことなる特質をもつ[78]。日本には世間が存在する。それは個人と個人をむすびつけている人間関係の絆であり，個人の行動を評価する最終的な場でもある[79]。そこでは，長幼の序（年長者を尊重すること）と贈与互酬関係（ものをうけとったら，かえすこと）が支配している[80]。また，世間を構成するひとの重要な義務として，葬祭に参加することがある。ただし，世間という人間関係のなかに「非人」や「乞食」はふくまれていない[81]。

　ヨーロッパの社会は個人がつくるものとされ，そこから民主主義が生じる[82]。けれども，日本の世間は所与の，変更しえないものとされている。ヨーロッパで個人が誕生したのは11世紀であり，それ以前は日本の世間とおなじような人間関係をもっていた[83]。

　10・11世紀のヨーロッパにおいて封建社会が成立した。そこでは，主君が

家臣に封土をあたえて保護するかわりに，家臣は主君に軍事的奉仕の義務をはたした。主君と家臣は疎遠になりがちであったため，前者は後者にご馳走して，贈物をあたえることによって，両者の人間関係が成立していた[84]。したがって，当時のヨーロッパ社会は，現在の日本とかなり共通点をもっていた[85]。

ところが，11 世紀のヨーロッパでは，キリスト教がかなり浸透し，封建的主従関係のもとでみられたような贈与慣行が転換する[86]。「ルカによる福音書」によれば，饗宴をもよおすときは，貧者を招待するのがよいとされている[87]。かれらは返礼することができないので，現世ではなくて来世での返礼に期待することができるからである[88]。

11・12 世紀のヨーロッパでは，たとえば修道院に全財産を寄進することによって，来世において永遠の救済にあずかることができるという観念が生じた[89]。すなわち教会を通じての彼岸信仰に収斂するかたちで，贈与慣行が転換し，公的な世界が成立した[90]。その結果，日本的な贈与慣行の世界から離陸して，近代社会に突入する。その後，16 世紀の宗教改革によって，贈与慣行は教会からもなくなることになる[91]。

［2］個人の成立

「ルカによる福音書」には「父母・妻子・兄弟・姉妹・自分の命をもすてて，わたくし〔イエス＝キリスト〕のもとにくるのでなければ，わたくしの弟子となることはできない[92]」と記されている。こうした点で，キリスト教は教義上，個人の宗教であるといえる[93]。フランク王国のカール大帝（在位 768–814 年）はローマ帝国と同様に，キリスト教の教義の権威のもとで社会をつくりあげようとした[94]。800 年にローマ＝カトリック教会の教皇レオ 3 世はカール大帝にローマ皇帝の帝冠をあたえ「西ローマ帝国」の復活を宣言した。

大衆をキリスト教化するための 1 つの手段が贖罪規定書であった[95]。これは罪と，それをあがなうための罰を記載したもので，告解をきくための司祭のマニュアルであった。カトリック教会では，司祭に信者が自分の罪を告解席で告白する制度がある。1215 年に開催された第 4 ラテラノ公会議において，す

べての成人男女がすくなくとも年1回は告白をしなければならないことにな
った[96]。告白とは自己をかたることであり，ヨーロッパにおける個人の形成
の出発点になった[97]。贖罪規定書では，雨ごいの儀式などをしたばあい，贖
罪しなければならないことをさだめている[98]。それは一木一草に天皇制があ
るという呪術的なアニミズムと対照的なものであった。日本の世間は基本的に
呪術的である[99]。たとえば，喪中に年賀状をださないことや，葬式を友引に
しないことがある。

［3］恋愛の成立とあたらしい男女関係

　中世の下級貴族の子弟は14，15歳で一人前とみなされ，嫁と城を手にいれ
るため旅にでた[100]。そのためのもっとも簡単な方法は，当時の平均寿命が短
命だったので，未亡人と結婚して，その城を継承することであった[101]。

　12世紀にトゥルバドゥールといわれる吟遊詩人の歌のなかで，あたらしい
形式の恋愛がうまれた[102]。それは，わかい騎士の既婚女性にたいする恋をう
たったものである。中世における恋とは，わかい騎士の既婚女性にたいする愛
であり，宮廷風恋愛と呼称されている[103]。初期中世の男女関係は，男性が女
性よりも優位にあったけれども，宮廷風恋愛がうまれてからは，男女の関係が
逆転する[104]。トゥルバドゥールの恋愛詩は，神よりも女性にたいする愛を正
面においている[105]。これは，神よりも個人にたいする意識の高揚を意味して
いるといえよう。

　宮廷風恋愛は，家父長制にたいする反発でもある[106]。家父長制とは，父親
が全面的な権利をもって，そのほかのものを支配するものであるけれども，宮
廷風恋愛にはコキュ（妻を寝とられた男）が登場する。それはまた，君主と家
臣からなる封建社会の有する家父長制的特質を風刺したものでもあって，封建
体制が崩壊する遠因となった[107]。

［4］市民意識の成立

　11世紀までに，ヨーロッパの農村で三圃制（土地を秋耕地・春耕地・休耕

地にわけて 1 年ごとに順次利用する方法）がうまれ，生産力が向上した [108]。その結果，余剰生産物の交換が活発になり，遠隔地貿易が地中海商業圏で発達した。遠隔地商人は領主の保護をうけて，その周辺に定住し，都市が発展した [109]。そこでは，領主が税金を徴収しようとして，商人が反抗することもあった [110]。それを解決するためにうまれた商人法は，人格的自由を基本的特徴とするものであった [111]。それは，農奴にみとめられていなかったものである。都市のひとびとは，土地所有（占有）の自由を有し，強制結婚もなく，移動の自由もある [112]。また，平和も享受している。都市では武力行使がみとめられず，平和を維持しなければならないからである [113]。さらにアジール（聖域）の権利も承認されていて，不自由民が都市に逃亡して 1 年と 1 日が経過すれば，自由身分になるとされた。こうした市民を核にした都市ができると，人間関係が変容していく [114]。従来の農村では，移動の自由もなく，強制結婚があり，人格的自由も不十分であった。

　都市では，農村からみしらぬひとびとが到来して，みしらぬことばを使用するようになる [115]。すると，市民のなかで礼儀ただしく静穏に生活して，大声をだしたり，汚物をちらかしたり，下半身にかんする話をしたりすることをなくそうという礼儀作法ができあがる [116]。けれども，そうした文明化に反発した「グロテスクなものたち」も存続した [117]。ヨーロッパでは，前者のようなエリート文化が，後者のグロテスクな民衆文化を排除したところで成立した [118]。しかるに，日本では明治以降，帝国大学などでそだったひとびとが，世間という呪術的にして，長幼の序と贈与互酬関係が支配する非エリート的なもののなかで生活してきた [119]。政治家の失言がたびたび問題になるのは，内輪の世間のなかでつねに発言していることが，偶発的に表面にでたためであった [120]。

おわりに

　丸山は戦前の日本ファシズム支配を「無責任の体系」にもとづくものと断じ

た。川島はその根底に「日本社会の家族的構成」を指摘した。阿部によれば，ヨーロッパの「社会」は個人がつくるものとされ，そこから民主主義が生じるけれども，日本の「世間」は所与の，変更しえないものとされている。

　丸山のいう「無責任の体系」は，2011年3月11日の東日本大震災における東京電力福島第一原子力発電所の事故についても妥当しているようにおもわれる。その原因は「日本型企業の前近代的性質と，先端的な原子力産業とが，閉鎖性と没個性という点で，奇妙な一致点を見出し，ムラ社会的とよく表現される独得な体質をもった原子力産業が形成されていった[121]」ことにあるのではないだろうか。こうした原子力「ムラ」は「日本社会の家族的構成」を反映させたものであると同時に「世間」の典型例であるといえよう。「世間」という強力な敵を熟知したうえで「社会」とつながることばを獲得することからはじめる必要があろう[122]。

1）丸山眞男「超国家主義の論理と心理」古矢旬編『超国家主義の論理と心理：他八篇』（岩波書店，2015年）11頁。
2）同上13頁。
3）同上14頁。
4）同上15頁。
5）河野磐州伝編纂会『河野磐州伝上巻』（河野磐州伝刊行会，5版1926年）186頁。
6）丸山「超国家主義の論理と心理」16頁。
7）同上16-17頁。
8）同上17頁。
9）同上20頁。
10）同上25-26頁。
11）同上26頁。
12）同上26-27頁。
13）同上30頁。
14）同上32頁。
15）同上33頁。
16）同上34頁。

17）同上35頁。

18）同上36頁。

19）同上37頁。

20）小林正弥「丸山眞男の思想的発展：その全体像の批判的再構成」小林正弥編『丸山眞
　　男論：主体的作為，ファシズム，市民社会』（東京大学出版会，2003年）206頁。

21）丸山眞男「日本ファシズムの思想と運動」古矢前掲書41-42頁。

22）同上44頁。

23）同上45頁。

24）同上46頁。

25）同上51頁。

26）同上55頁。

27）同上56頁。

28）同上59頁。

29）同上60頁。

30）同上62頁。

31）同上72-73頁。

32）同上73頁。

33）同上82頁。

34）同上84頁。

35）同上85頁。

36）同上90頁。

37）同上92頁。

38）同上93頁。

39）同上97頁。

40）同上100頁。

41）同上102-103頁。

42）同上104頁。

43）同上114頁。

44）同上117頁。

45）同上119頁。

46）丸山眞男「軍国支配者の精神形態」古矢前掲書146頁。

47）同上146-147頁。

48）同上147頁。

49）同上149-150頁。

50）同上 150 頁。

51）"Judgment," *Trial of the Major War Criminals before the International Military Tribunal : Nuremberg, 14 November 1945 - 1 October 1946*, Vol. I (Buffalo, N.Y. : William S. Hein, 1995), p. 202.

52）丸山「軍国支配者の精神形態」157 頁。

53）新田満夫編『極東国際軍事裁判速記録第 8 巻』（雄松堂書店，1968 年）627 頁。

54）丸山「軍国支配者の精神形態」167 頁。

55）同上 169 頁。

56）"Judgment," *Trial of the Major War Criminals before the International Military Tribunal : Nuremberg, 14 November 1945 - 1 October 1946*, Vol. I, p. 200.

57）丸山「軍国支配者の精神形態」175 頁。

58）同上 184 頁。

59）新田満夫編『極東国際軍事裁判速記録第 10 巻』（雄松堂書店，1968 年）573 頁。

60）丸山「軍国支配者の精神形態」196 頁。

61）同上 197 頁。

62）同上 199 頁。

63）同上 200 頁。

64）同上 203 頁。

65）川島武宜「日本社会の家族的構成」『川島武宜著作集第 10 巻』（岩波書店，1983 年）2 頁。

66）同上 3 頁。

67）同上 4 頁。

68）同上 4-5 頁。

69）同上 5 頁。

70）同上 6 頁。

71）同上 7 頁。

72）同上 8 頁。

73）同上 9 頁。

74）同上 10 頁。

75）同上 13 頁。

76）同上 14 頁。

77）同上 15 頁。

78）阿部謹也『ヨーロッパを見る視角』『阿部謹也著作集第 7 巻』（筑摩書房，2000 年）321-322 頁。

79）同上 329-330 頁。

80）同上 331 頁。

81）同上 334 頁。

82）同上 335 頁。

83）同上 338 頁。

84）同上 348 頁。

85）同上 349 頁。

86）同上 355-356 頁。

87）"The Gospel According to St. Luke," 14 : 13, Gerald Hammond and Austin Busch ed., *The New Testament and the Apocrypha* (New York, N.Y. : W. W. Norton, 2012), p. 167. 佐藤研訳「ルカによる福音書」『新約聖書』（岩波書店，2004 年）254 頁。

88）阿部『ヨーロッパを見る視角』356 頁。

89）同上 357 頁。

90）同上 358 頁。

91）同上 359 頁。

92）"The Gospel According to St. Luke," 14 : 26, p. 168. 佐藤訳 256 頁。

93）阿部『ヨーロッパを見る視角』379 頁。

94）同上 383 頁。

95）同上 387 頁。

96）"Concilium Lateranense IV / Fourth Lateran Council," Norman P. Tanner ed., *Decrees of the Ecumenical Councils,* Vol. I (London : Sheed & Ward, Washington, DC : Georgetown University Press, 1990), p. 245. 藤崎衛監修「第四ラテラノ公会議（1215 年）決議文翻訳」『クリオ』第 29 巻（2015 年）104 頁。

97）阿部『ヨーロッパを見る視角』392 頁。

98）同上 395 頁。

99）同上 396 頁。

100）同上 410 頁。

101）同上 410-411 頁。

102）同上 411 頁。

103）同上 411-412 頁。

104）同上 414 頁。

105）同上 426 頁。

106）同上 455 頁。

107）同上 456 頁。

108）同上 470 頁。

109）同上 472 頁。

110）同上 473 頁。

111）同上 475 頁。

112）同上 476-477 頁。

113）同上 478 頁。

114）同上 479 頁。

115）同上 497 頁。

116）同上 499-500 頁。

117）同上 500-501 頁。

118）同上 508 頁。

119）同上 509 頁。

120）同上 510 頁。

121）高木仁三郎『市民科学者として生きる』『高木仁三郎著作集第 9 巻』（七つ森書館，
　　 2004 年）468 頁。

122）鴻上尚史・佐藤直樹『同調圧力：日本社会はなぜ息苦しいのか』（講談社，2020 年）
　　 169 頁。

人名索引

著者略歴

下條 慎一（しもじょう しんいち）

1967年　出　　生
1997年　中央大学大学院法学研究科博士後期課程退学
現　在　武蔵野大学法学部教授，博士（政治学）
主　著　『J. S. ミルの市民論』（中央大学出版部，2013年）
　　　　『政治学史の展開』（武蔵野大学出版会，2021年）

政治学原論講義（せいじがくげんろんこうぎ）

発行日	2023 年 12 月 8 日 初版第 1 刷
著者	下條慎一
発行	武蔵野大学出版会 〒 202-8585 東京都西東京市新町 1-1-20 武蔵野大学構内 Tel. 042-468-3003 Fax. 042-468-3004
印刷	株式会社 ルナテック
装丁・本文デザイン	田中眞一

©Shimojo Shinichi
2023 Printed in Japan
ISBN978-4-903281-62-9

武蔵野大学出版会ホームページ
http://mubs.jp/syuppan/